NÉCESSAIRE FRANÇAIS,

OU

FLAMBEAU DU BONHEUR.

NÉCESSAIRE FRANÇAIS,

OU

FLAMBEAU DU BONHEUR.

OUVRAGE adressé par analyse à Sa Majesté l'EMPEREUR des Français et ROI d'Italie, comportant huit parties distinctes, et qui seront publiées séparément.

Par J*** DE SAINT-CHARLES;
Et une personne anonyme.

PREMIÈRE PARTIE.

On peut appeler or avec beaucoup plus de raison l'amertume des pilules dorées, à cause du bon effet qu'elles produisent, que l'or dont on les couvre. ANT. PEREZ.

A PARIS,

Chez CHAIGNIEAU, jeune, Imprimeur-Libraire, rue Saint-André-des-Arcs, n°. 42.
Et chez tous les MARCHANDS de nouveautés.

L'AN 1806.

N. B. Tout exemplaire non-revêtu de la signature d'un des auteurs, sera réputé faux.

AVERTISSEMENT.

CET ouvrage, que des circonstances nous ont portés à publier plutôt que nous l'aurions voulu, a été écrit un peu à la hâte. N'ayant eu, en le composant, d'autre vue que le bonheur public, nous ne nous sommes uniquement occupés que du fond : aussi nos lecteurs ne devront nullement s'attendre à y trouver un style soigné.

Les dissertations et les moyens qu'il comporte pourront peut-être exciter quelques improbations ; mais, nous osons le dire, elles ne pourront provenir que de l'égoïsme, auquel cet ouvrage peut seul déplaire ; car l'homme pensant bien, ainsi que tout personnage animé de l'amour du bien général, ne pourront au fond que le goûter et l'accueillir. Peut-être certains esprits bouillans et que l'on pourrait même traiter de boutte-feux, nous accuseront-ils d'avoir voulu, en composant partie de notre ouvrage en forme de décrets, paraître dicter des lois au Monarque. Nous les engageons d'avance à peser attentivement notre travail, et à examiner si, en raison de son importance et de sa dignité, ce mode n'était réellement pas le plus convenable. C'est pour le rendre plus imposant et pour lui donner la dignité qui appartient à sa nature, que nous avons cru pouvoir nous permettre d'employer ce style: par-là nous n'avons nullement entendu dicter des lois : notre Monarque n'est point fait pour en recevoir; son cœur et son amour pour son peuple seuls les lui dictent. On ne pourrait donc tout au plus que nous faire un reproche de notre indiscrétion d'avoir su pénétrer et mis au jour une partie des vues de ce généreux Souverain : au surplus notre excuse est dans notre intention.

Nous avons divisé cet ouvrage en huit parties. La première est, à bien regarder, la boussole, ou, pour mieux nous exprimer, le *Panorama* de tout l'ouvrage ; en effet, c'est cette partie qui est la clef des sept autres, qui, comme on le verra, sont chacune séparément le développement de différens articles énoncés au titre 4 de la première partie, et qui forme l'ensemble de tout l'ouvrage.

Chaque partie commence par une dissertation motivée et raisonnée sur l'objet dont il y est traité : ces dissertations sont toutes suivies de moyens proposés à leur appui en forme de décret.

En général, cet ouvrage, que nous aurions peut-être pu appeler, en raison de sa nature, le *Panorama français*, traite de toutes les branches qui composent l'état, et présente des moyens avantageux pour chacune d'elles.

En divisant le tout en huit parties, qui seront publiées séparément, nous avons eu pour but de pouvoir rendre chacune d'elles indépendante de l'autre, quoiqu'ayant cependant un grand rapport entre elles, et de les présenter comme exécutables l'une sans l'autre ;

c'est même le point auquel nous nous sommes le plus singulièrement attachés, et nous croyons y avoir à peu près réussi.

Nous savons parfaitement que nous n'allons pas être à l'abri des critiques; mais alors nous engageons messieurs les satyriques à faire mieux; nous leur observons que nous n'avons suivi que l'impulsion de notre cœur, uniquement guidé par l'amour du bien général. Si notre style était un style fleuri et soigné, si enfin nous avions employé l'art d'une éloquente diction, nous pourrions leur rappeler ce vieux proverbe si connu : *La critique est aisée, et l'art est difficile*; mais nous leur répéterons tout simplement : Faites mieux, messieurs, et nous n'en serons nullement jaloux.

NÉCESSAIRE FRANÇAIS,

OU

FLAMBEAU DU BONHEUR.

PREMIÈRE PARTIE.

> La juste et droite raison est une lumière de l'âme qui lui fait voir les choses comme elles sont ; mais il est en ce monde mille nuages qui l'environnent et l'obscursissent.

Dissertation sur l'origine de l'ancienne noblesse en France, sur les vices de sa constitution, quant à son hérédité ; sur les causes de sa décadence ; enfin sur la nécessité d'en rétablir une sur de nouvelles bases, et dont le but soit de coopérer à l'accroissement de la félicité publique.

Mérite et rang que doivent avoir dans un état le commerce, les sciences, arts et belles-lettres, sur-tout lorsque leur profession est poussée au plus haut dégré de perfection.

SELON la stricte nature, tous les hommes sont nés égaux ; mais depuis, l'ordre social en a décidé tout autrement. Les peuples ayant appris par expérience qu'ils ne pouvaient convenablement exister sans chef, ont choisi, pour être à leur tête, ceux d'entr'eux qu'ils ont reconnus les plus propres et les plus en état de les gouverner. Ces chefs, à leur tour, ne pouvant tout par eux-mêmes, ont alors associés à leurs travaux et opérations ceux de leurs subalternes en qui ils ont aperçu le plus de zèle et le plus de mérite : en se les associant, ils ont jugé convenable de les distinguer en les environnant d'une espèce de grandeur. Telle nous paraît avoir été l'origine des noblesses. En effet, il n'est pas à douter que, si on avait voulu rechercher ou approfondir jusqu'aux sources des plus grandes et plus anciennes familles, on aurait vu et reconnu qu'elles avaient eu toutes un commencement très-ordinaire; aussi pouvons nous dire avec raison que ceux qui, dans l'ancien régime, étaient assez sots pour s'estimer seulement par leur noblesse, se trouvaient en quelque façon mépriser ce qui les avait rendus nobles, puisque ce n'était que la vertu de leurs ancêtres qui avait fait la noblesse de leur rang.

En France, comme dans nombre de pays, la noblesse a été créée comme prix du mérite belliqueux ou de service signalé, rendu soit envers le souverain, soit envers le pays : il n'est que trop évident que si, par suite des tems, cette noblesse, au lieu de s'élever, est devenue la source de l'oisiveté comme de la vanité ; que si, enfin, elle a terminé par devenir le juste objet de la haine du peuple, ce n'a été que par les vices dont était infectée sa constitution, et par l'effet de l'hérédité mal raisonnée et mal combinée qu'on y avait attachée. Assurément nous ne pouvons nous dissimuler que l'illusion de la majeure partie des nobles était de croire que leur noblesse était en eux un caractère naturel et ineffaçable ; un autre vice était que la noblesse, suivant ses anciennes bases, ne recevait d'accroissement que par le tems et le plus ou moins d'ancienneté des familles, et non par le mérite individuel des personnages qui les composaient; aussi qu'en résultait-il ? que souvent les descendans de guerriers ou personnages illustres, se reposant entièrement et uniquement sur le nom et la gloire de leurs ancêtres, au lieu de travailler par de nouveaux faits à en soutenir et même accroître la célébrité, s'abandonnaient à la mollesse la plus coupable et à l'oisiveté la plus ridicule : leur seule occupation était devenue l'étalage d'une vanité plus qu'outrageante envers le peuple ; aussi, aux yeux de l'homme sensé et pensant bien, plus la noblesse que l'on tirait *seulement* de ses aïeux était ancienne, moins elle était bonne ; et plus elle lui paraissait suspecte et même incertaine. En effet, le fils d'un maréchal de France qui a obtenu sa charge par son grand mérite, doit évidemment être plus noble que ses descendans : cette source de noblesse dans les veines de ce fils, étant soutenue par l'exemple du père, est encore toute vive ; mais elle s'affaiblit et s'altère en s'éloignant, si le mérite individuel du descendant ne la soutient plus. Il est certain, et le tems ne nous a malheureusement que trop appris, que souvent les grands noms, au lieu d'élever, abaissaient ceux qui ne savaient pas les porter. C'est ce vice constitutionnel, c'est cette mauvaise hérédité, qui ont en quelque sorte amené et autorisé la conduite déshonorante que tenaient la plupart des nobles, et qui a fini par attirer à tout le corps entier de la noblesse la haine implacable du peuple, sa décadence et bientôt après sa chute entière, qui par contre-coup a produit le renversement total du trône dont il aurait dû être l'appui.

Nous laissons à d'autres plumes plus courageuses que la nôtre le pénible soin de retracer l'affreux tableau des horreurs sans nombre qui ont suivi ce renversement : le souvenir n'en est que trop cruel : nous nous contenterons de dire qu'il a réellement fallu un prodige pour nous tirer d'un pareil chaos ! . . . . . Enfin, aujourd'hui que la France, grâce au génie tutélaire qui la gouverne, se trouve, après quelques lustres de bouleversement et de calamités, pour ainsi dire régénérée ; aujourd'hui que cet empire semble devenir la première puissance du monde, tout système dévastateur doit totalement disparaître : l'ordre social doit succéder à ce désordre que de soi-disant philosophes avaient osé qualifier d'ordre naturel. Tout homme sage et tout bon politique reconnaissent qu'il est de l'honneur et même de la dignité d'un état, sur-tout tel que la France, qu'il y ait, en outre des personnages composant la famille du monarque auxquels le titre de prince appartient de droit et par transmission d'hérédité, un corps de noblesse, non à la vérité organisé et constitué comme celui d'autrefois, mais une noblesse due uniquement au mérite personnel, fondée sur de justes bases, et qui soit en même tems l'instrument du bonheur général.

Tous personnages qui se trouvent et se trouveront par la suite élevés aux honneurs, comme s'étant illustrés, soit par leur mérite, soit par leurs actions, ainsi que ceux qui joindront à l'exercice honorable de fonctions importantes dans l'état, le double avantage de contribuer au bonheur général, en y sacrifiant une partie de leur fortune et de leur loisir, ne doivent-ils pas former aux yeux du peuple ce noble corps?

Ne doit-on pas y placer aussi, pour l'honneur des sciences, arts et belles-lettres, qui sont reconnus pour être l'ornement et une des bases fondamentales d'un état, tous personnages qui excelleraient d'une manière vraiment toute particulière dans une de ces parties?

Quant à l'hérédité relative à cette noblesse, nous venons de démontrer que la rétablir suivant les bases de l'ancienne serait une absurdité des plus grandes. L'expérience nous a prouvé combien il était abusif de laisser au même rang tous les descendans d'un homme qui a été élevé aux honneurs et dignités pour raison de son mérite personnel. Sans doute la reconnaissance de l'état et l'honneur du nom de l'homme ainsi élévé veulent et exigent même que ce nom ne soit pas abandonné à l'oubli : aussi il nous paraîtrait convenable de déterminer un mode d'hérédité limitée, et qui put cadrer avec la raison et la justice ; il semblerait juste, par exemple, de laisser aux propres enfans de l'homme élevé son même dégré, parce qu'encore une fois, animés par l'exemple de leur père qu'ils ont encore sous les yeux, il n'est guère vraisemblable que sa présence ne puisse pas leur inspirer tout le courage et la valeur qui leur sont nécessaires pour soutenir son nom ; mais ensuite la noblesse, en s'éloignant dans la personne des petits-enfans, s'affaiblissant et s'altérant dans leurs veines, il nous paraîtrait assez convenable de faire perdre un dégré à ces petits-enfans, à moins que leur mérite personnel n'en décidât autrement ; les enfans de ces petits-enfans conserveraient le même dégré que leur père ; mais leurs petits-enfans perdraient encore un dégré ; et ainsi de suite à l'infini, toujours de petits-enfans en petits-enfans. Ce décroissement graduel une fois opéré dans toute la race, les derniers descendans conserveraient néanmoins un caractère de distinction en entrant dans un corps mixte, c'est-à-dire qui, sans être tout-à-fait noble, cependant se trouverait être un acheminement graduel à la noblesse par le mérite personnel.

C'est dans cette espèce de corps mixte qu'il nous paraîtrait assez convenable de placer les ascendans, frères et sœurs des personnages anoblis, ainsi que tous particuliers reconnus pour exercer et professer avec honneur et convenance une des parties de sciences, arts et belles-lettres. Nous sembleraient y avoir également droit le probe et honnête négociant ou commerçant en gros, enfin l'homme fortuné et instruit qui sacrifierait tout ou partie de sa fortune au bonheur public, ayant pour principes que son loisir et son bien ne sont pas sa propriété à lui seul, mais qu'il en est dû une part à l'état, au vieillard malheureux, à l'enfant délaissé, à l'orphelin, à l'infirme, au voyageur infortuné, en un mot, au pauvre privé d'occupation ou malade.

Le soin du bonheur général devenant un des principaux devoirs de la noblesse, quel respect ne serait pas dû à un tel corps, qui, au lieu d'être, comme le pouvait être autrefois l'ancienne noblesse, l'effroi et la terreur du peuple, se trouverait au contraire, d'après l'organisation que nous lui destinons, être l'appui du faible, l'anéantissement de la misère, la consolation et le soulagement de l'infortune, en un mot la source du bonheur général, le soutien et la force du commerce, ainsi que des sciences, arts et belles-lettres ! Ne serait-ce donc pas là la véritable et meilleure noblesse ?

Enfin, si ces deux corps de distinction (la noblesse et celui qui y servirait d'acheminement) se trouvaient après coup pour ainsi dire réunis et confondus en un seul, comme chargés de coopérer unanimement aux moyens de félicité publique, de quelle considération ne jouirait pas une telle réunion, qui, imposante en elle-même par sa nature et sa composition, deviendrait et serait tout à la fois et l'appui du trône et le soutien du peuple ?

Assurément, Français, il nous semble que ce serait bien là les grands qui pourraient vous plaire et mériter votre attachement. C'est à notre auguste Souverain, jaloux de nous procurer un bonheur durable et une prospérité toujours croissante, qu'il appartient de prononcer et de mettre le comble à notre félicité : c'est à lui que notre sort commun est confié : reposons-nous donc sur lui. Vous n'avez pas oublié ces paroles de consolation du jour de son couronnement, paroles qui resteront pour la vie gravées dans le cœur des Français : *En quelques lieux, en quelque pays que je sois, ma pensée, mon affection seront toujours fixées sur mon peuple.* Rassurons-nous donc, Français ; oui, comme l'a fort bien dit un des ministres de ce monarque : *Le héros qui veut être aimé des hommes, est aussi celui qui veut les rendre heureux.*

Nous soumettons à ce grand Souverain des idées qui, comme tendantes à assurer la félicité générale dans toutes ses parties quelconques, sont déjà dans son cœur. Peut-être nous accusera-t-on de vouloir par quelques-unes de ces idées, sur-tout celles relatives aux sciences, arts et belles-lettres, porter atteinte à la liberté admise dans l'exercice des professions; peut-être nous objectera-t-on que le système que nous émettons est en opposition ouverte avec le but qu'on s'est proposé de cette liberté, qui est l'encouragement et l'émulation ? Quand on aura lu les moyens que nous offrons à la suite de notre dissertation, nous aimons à croire qu'on reconnaîtra l'erreur de pareilles objections; on sentira que nous n'entendons aucunement altérer la liberté dont on nous parle, et qui, selon nous, ne peut encore avoir de rapport qu'aux sciences, arts et belles-lettres, ainsi qu'aux métiers. Seulement nous voudrions faire en sorte que cette liberté, vraiment louable par son but, ne dégénérât pas en licence effrénée; licence qui, au lieu d'exciter l'encouragement et l'émulation, deviendrait au contraire le déshonneur, même la turpitude, des sciences et arts, et finirait par être un motif de découragement et d'éloignement pour les vrais savans et artistes. Sans doute il serait absurde de vouloir qu'on limitât le nombre des personnes qui ont à s'adonner à une de ces parties : nous ne nous dissimulons pas qu'en le faisant ce serait alors paralyser et l'émulation et l'encouragement ; aussi n'est-ce pas là ce que nous proposons : seulement, pour empêcher que cette liberté ne dégénère en licence, et même pour propager dignement et convenablement les sciences et arts, dans leurs vrais principes, nous estimons raisonnable de n'admettre à leur exercice et profession publique, ainsi qu'à l'honneur de porter les noms de savans ou d'artistes, que les personnages reconnus en état d'exercer convenablement, honorablement et dans les vrais principes, les sciences, arts et belles-lettres ; et nous offrons, comme on le verra, à ceux qui n'auraient pas encore atteint le dégré propre et dû à ces parties, la faculté de s'y perfectionner et de se mettre à même de pouvoir parcourir avec honneur cette noble carrière. Encore une fois, ce n'est pas dans un empire tel que celui de la France, qui passe pour le centre et le siége des lumières, qu'on peut et doit souffrir le déshonneur et la dégradation des arts. Oui, rien n'est plus juste que la liberté dans la profession des sciences et arts, c'est-à-dire, quant au nombre indéfini des personnes qui veulent s'y adonner ; mais rien aussi de plus funeste qu'une liberté dégénérée en licence, et en vertu de laquelle l'homme le plus ignare et le moins susceptible de génie ose se dire savant ou artiste, et vouloir donner des principes que souvent il n'a pas lui-même.

C'est cette même liberté, dégénérée en licence, qui a également amené cette horrible confusion, vraiment déshonorante, qui existe aujourd'hui entre les arts, l'industrie et les métiers. Qu'une telle confusion ait pu exister pendant le chaos affreux de notre révolution, rien n'était moins étonnant; mais aujourd'hui que chaque chose reprend sa place, ces parties resteraient-elles donc dans la confusion ? C'est ce que nous ne pouvons croire ni même penser; il est de toute nécessité et de l'honneur même des français que les sciences et arts tiennent leur rang particulier; quant à l'industrie, elle doit marcher avec les métiers, comme en étant le principal ornement : ces parties, ainsi que nous allons le démontrer, sont trop distinctes l'une de l'autre pour être confondues.

La science est le résultat d'une étude profonde; et l'art est celui, non-seulement de la conception, mais même encore du génie. La musique va nous servir de preuve de ce que nous avançons. Sa composition est une science, en ce qu'elle est bien certainement le résultat d'une étude profonde, et que c'est d'après des principes limités et des bases toujours conformes et régulières que naît la composition musicale ; en effet, le compositeur est souvent obligé, pour se renfermer dans ses limites, de sacrifier à sa composition le poëme dont elle se trouve, nous ne dirons pas l'interprète, mais l'organe ; cependant qu'est cette composition savante, ou le poëme même ? Un enfant dans le sein de sa mère. Et qui est-ce qui lui donne l'existence et le prix ? C'est l'art qui vient ensuite (autrement dit l'exécution musicale, ou, pour le poëme, la déclamation). Assurément, c'est la conception, le génie et la pénétration de l'artiste qui lui dictent et lui inspirent sa manière, soit d'exécuter, soit de déclamer ; c'est donc dans cette seule exécution ou déclamation que l'œuvre acquiert son existence parfaite, ainsi que tout son mérite.

Oui, l'art est l'âme d'une science ; et même, si nous pouvions nous exprimer ainsi, la science est le père d'un objet, et l'art en est la mère. L'art ne va jamais sans la science ; mais la science peut être séparée de l'art. Ce n'est qu'en possédant à fond une science que l'artiste par son génie présente ensuite dans tous ses charmes aux yeux ou à l'oreille l'objet que cette science n'a pu que lui indiquer ; certes, ce n'est que quand l'art a paré de son cachet un œuvre ou une invention quelconque, que l'artisan, au moyen de l'apprentissage qu'il a fait, peut exécuter l'objet imaginé par le génie de l'art ;

ce n'est qu'à force d'avoir travaillé cet objet imaginé, et en avoir observé tous les détails, que cet artisan parvient ensuite, soit à simplifier ou modifier le travail, soit à en multiplier les moyens d'usage; c'est là ce que nous appelons et devons raisonnablement appeler l'industrie et non l'art. Encore une fois, l'industrie n'est autre chose que le résultat de la grande habitude de travailler une même partie et qui suggère des idées, soit de simplification, soit d'amélioration. Nous croyons avoir suffisamment démontré la différence qui existe entre ces trois objets, la science, l'art et l'industrie : nous aurons occasion, à la deuxième partie de l'ouvrage, de parler de nouveau et plus amplement des sciences, arts et belles-lettres : pour le présent nous allons nous occuper de réfuter les objections qui pourraient nous être faites relativement aux opinions que renferment nos idées sur le commerce.

L'expérience ne nous a que trop prouvé combien la liberté dans l'exercice des professions, dégénérée en licence, était devenue nuisible au commerce; puisque c'est elle qui a causé sa perte et sa ruine ; en effet, c'est cette licence qui a amené la confusion et le chaos qui existent aujourd'hui dans la branche commerciale ; c'est elle qui a porté le marchand, dont l'opération ne devait consister que dans le trafic, c'est-à-dire le débit ou détail, à oser prendre le titre et les attributions du commerçant. Oui, en vertu de cette liberté, tout particulier quelconque, instruit ou non instruit, n'a pas craint de se livrer à la profession du commerce, profession si épineuse et même dangereuse pour ceux qui n'en connaissent ni les règles ni les principes. C'est ainsi que le commerce s'est vu confondu pêle-mêle avec le trafic : il n'a plus dès lors existé de distinction; aussi nous voyons aujourd'hui ce qu'il en est résulté : plus de commerce : à la vérité, beaucoup d'entreprises, de projets, de spéculations, mais des faillites sur faillites; et cela ne peut être autrement, tant que l'on confondra ainsi la licence avec la liberté.

Si nous nous sommes déclarés les panégyristes, ou pour mieux dire, les approbateurs de la juste et vraie liberté dans l'exercice des professions au sujet des sciences, arts, belles-lettres et commerce, nous aurons le courage d'émettre une opinion toute contraire relativement au trafic : cette opinion paraîtra d'autant moins ridicule qu'elle se trouve d'accord avec la presque généralité des marchands. En effet, si le trafic se trouve aujourd'hui pour ainsi dire anéanti, n'est-ce pas, d'après l'aveu général, par le trop grand nombre de détaillans et par l'extrême proximité et même le voisinage contigu de plusieurs marchands débitans du même genre dans une même rue; et s'il arrive (pour nous servir de cette expression aujourd'hui si banale) tant de *malheurs* dans le trafic, n'est-ce pas aussi par le luxe vraiment insensé que présente aujourd'hui le décor tant extérieur qu'intérieur des boutiques. Il est constant que devant y avoir tous les jours à peu près le même nombre d'acheteurs, si les vendeurs ou débitans se trouvent presque les égaler en nombre, et si même il se trouve au moins le quadruple de revendeurs, il est presque impossible que les débitans - boutiquiers parviennent à se tirer d'affaire, sur-tout lorsqu'ils sont presque toujours deux ou trois du même genre porte à porte ; assurement il faut qu'il y en ait un des trois qui l'emporte ; et souvent il arrive que c'est le dernier venu ; par la raison qu'il s'est étudié, en arrivant, à donner à sa boutique tout le décor possible et dans le cas d'éclipser ses confrères. L'idée de l'emporter sur eux lui fait tout risquer ; il emploie pour ce tout son avoir et même par fois celui de ses amis ; mais peu lui importe : il réussit pour un tems ; il culbute ses confrères ; et le malheureux ne pense pas et ne réfléchit pas qu'ici tout n'étant que de mode et de fantaisie, n'a qu'un tems : aussi qu'en résulte-t-il en définitif ? c'est qu'après avoir fait tous ses efforts pour ruiner son voisin et avoir eu l'avantage sur lui, il finit lui-même par en éprouver tout autant de la part d'un nouvel arrivant ; et cet évènement le culbute bientôt, par l'impossibilité où il se trouve de faire honneur aux engagemens que ses énormes dépenses lui ont occasionnés ; il finit donc par disparaître ; et ainsi de suite d'une infinité d'autres qui se succèdent rapidement. De là résultent ces enchaînemens de *pertes*, de *malheurs*, de ruines et que trop souvent de suicides. Tel est au fond le résultat de la liberté qu'on nous vante tant pour l'exercice du trafic. On a fixé le nombre des notaires, avoués, commissaires-priseurs, huissiers, etc., parce qu'on a pensé que cette fixation était nécessaire pour leur avantage commun ; en ce que, si leur nombre n'eût pas été ainsi limité, les trois quarts d'entre eux n'aurait pu vivre ; et pourquoi n'en ferait-on pas autant relativement aux détaillans et débitans ? Pourquoi enfin n'établirait-on pas une certaine distance entre deux marchands du même genre demeurant dans une même rue ? Assurément, si on en agissait ainsi, le trafic aurait un résultat tout autre qu'il n'a aujourd'hui. Tout ce qui se passe continuellement sous nos yeux ne nous parle donc pas assez ; que faut-il de plus pour nous convaincre de l'erreur où nous sommes en croyant que la liberté dans l'exercice du trafic fait son avantage ? La liberté dans l'exercice des professions n'ayant été accueillie, comme nous l'avons dit plus haut, que dans la vue d'exciter l'encouragement et l'émulation ; il est prouvé que, relativement au trafic, ce motif cesse et son but est manqué : en effet, il ne peut exister de motif d'émulation dans le trafic ; il n'en est nullement susceptible ; bien au contraire, cette liberté ne fait qu'engendrer et produire des haines, des jalousies, des inimitiés, en un mot de très-grands malheurs.

Nous regardons encore comme une des causes majeures de la ruine du commerce et du trafic (et à laquelle personne ne semble malheureusement faire attention) la liberté illimitée qu'a tout individu quelconque de porter des objets de luxe. Comme nous aurons sujet à la troisième partie de l'ouvrage de parler de nouveau et plus particulièrement de la partie commerciale, nous y discuterons et prouverons tous les fâcheux résultats d'un pareil abus, ainsi que ceux provenant de l'affreuse confusion qui existe entre les vrais commerçans et les marchands-détaillans ; nous parlerons également de l'abus introduit par suite de cette confusion relatif aux lettres de change, billets à ordre et effets au porteur, qui ne devraient être que du fait des commerçans, et que cependant tous marchands et même particuliers absolument étrangers au commerce, se permettent de souscrire, tirer, accepter ou endosser. Nous prouverons enfin jusqu'à l'évidence que ce dernier vice n'est pas moins propre à la décadence et au bouleversement du commerce. Nous nous attacherons à démontrer combien il est urgent d'abolir et réprimer de tels abus : nous offrirons même des moyens pour y parvenir entièrement ; mais pour le présent nous allons nous occuper uniquement de donner ceux relatifs aux observations énoncées dans cette première partie : ces moyens ont rapport à l'ordre des choses que nous avons dit devoir être nécessaires dans un état, tel qu'une création de noblesse constituée sur des bases justes et sages ; ils ont aussi rapport au rang que doivent, selon nous, tenir les sciences, arts, belles-lettres et commerce. Ces moyens devant servir d'ouverture aux sept autres parties de l'ouvrage qui seront leur développement, nous les désignerons sous la qualification de *Moyens généraux*. Pour leur donner toute l'importance et la dignité qui sont dues à leur nature et essence, nous nous permettrons de les offrir en forme de décrets.

Puissant Monarque, père et protecteur des arts et du commerce ! c'est à vous seul sans doute qu'appartient le soin de fixer notre destinée ; c'est à votre auguste personne qu'est confié notre sort et qu'il est réservé de prononcer. Pardonnez donc, si nous osons ici émettre nos idées ; nous n'avons su que lire dans votre cœur.

MOYENS GÉNÉRAUX

EN FORME DE DÉCRETS IMPÉRIAUX,

Relatifs à une création de noblesse, dont un des principaux soins serait d'assurer la félicité du peuple.

Rang accordé aux sciences, arts, belles-lettres et commerce.

Nous, ... etc. .....

Par la grâce de Dieu, etc. ....

Desirant depuis long-tems régler en bon père et bon chef de famille, d'une manière sûre et invariable, le sort de notre peuple, et lui procurer une félicité vraiment universelle et inaltérable : Considérant 1°. que, rien n'étant plus contraire au but que nous nous proposons que la confusion qui existe aujourd'hui dans les états comme dans les personnes, il devient indispensable et même urgent de réprimer cette confusion et d'établir de suite un ordre de chose qui tout-à-la-fois, classe un chacun comme il doit être, et assure en même tems au vrai mérite sa juste et digne récompense, et à tout notre peuple la félicité la plus complète;

2°. Que, malgré que tous nos sujets soient indistinctement chers à notre cœur, néanmoins, pour pouvoir composer cet ordre, il nous devient nécessaire d'établir différentes gradations où chacun puisse se trouver colloqué suivant et d'après son plus ou moins de mérite, et même selon ses fonctions;

3°. Que de tous tems et dans tous les états, tous personnages qui se sont distingués par un mérite quelconque, soit envers leur souverain, soit envers leur pays, d'une manière absolument particulière, ainsi que ceux revêtus de fonctions honorables et importantes, ont toujours, après les princes des familles régnantes, occupé les premiers rangs de l'état;

4°. Qu'il nous semble de toute justice et même de l'honneur du nom français de placer ensuite dans ce même premier rang tous personnages qui excellent dans une des parties de sciences, arts et belles-lettres;

5°. Que, si l'expérience et même la raison nous ont fait sentir combien il serait abusif d'adopter le mode d'hérédité de l'ancienne noblesse, qui non-seulement laissait les descendans d'un homme anobli en raison de son mérite personnel pour toujours à son même rang, mais même les rendait encore plus nobles que lui, quoique souvent sans mérite; la justice et l'équité nous disent que, par reconnaissance et par égard pour le personnage que nous aurions élevé en raison de son mérite individuel, nous ne devons pas, après sa mort, abandonner son nom tout-à-fait à l'oubli, mais alors établir entre le premier et le dernier rang de l'état une espèce de ligne de démarcation qui soit un acheminement à la noblesse par le mérite, et où les ascendans, frères, sœurs et descendans de ce personnage anobli, soient placés et n'aient plus qu'à suivre ses traces pour parcourir la noble carrière que son mérite personnel leur a en quelque sorte ouverte et tracée;

6°. Que pour l'honneur et l'encouragement des sciences, arts et belles-lettres, que nous desirons désormais environner de toute la dignité convenable, il nous paraît équitable de placer à ce même rang mixte tous ceux de nos sujets reconnus pour exercer et professer avec honneur et convenance une de ces parties;

7°. Qu'également pour l'émulation du commerce, que nous voulons tirer de son état de désordre et voir honoré et distingué du *trafic*, autrement dit détail ou débit, il nous semble juste et même nécessaire de classer encore à ce même rang mixte tous ceux de nos sujets (non nobles) que nous reconnaîtrons dignes d'exercer cette noble profession;

8°. Qu'étant doux à notre cœur, tout en récompensant le vrai mérite et encourageant celui naissant, de pouvoir en même tems assurer à notre peuple la félicité la plus universelle, ce que nous ne pouvons entièrement exécuter par nous-mêmes, il nous importe alors d'appeler encore auprès de nous dans ce rang mixte pour remplir grandement et noblement nos intentions à cet égard, outre tous les personnages déjà ci-dessus désignés, ceux de nos autres sujets les plus zèlés et que nous croirons les plus propres à nous seconder dans nos vues ;

9°. Qu'un point qui nous paraît être encore le plus en opposition avec l'intérêt commun, et même contraire au bonheur individuel de notre peuple, étant le luxe vraiment insensé et peu raisonné qui existe aujourd'hui dans toutes les classes, et qui, loin d'être utile au commerce, lui est au contraire très-nuisible, il importe singulièrement, pour le bien d'un chacun, de lui assigner et fixer de justes et sages limites ;

10°. Enfin, que, dans un empire tel que le nôtre, rien n'est plus révoltant au cœur que l'aspect de la mendicité, qui souvent n'a pour motif que la fainéantise ; et que d'ailleurs, tant que ce fléau ne se trouvera pas entièrement détruit, nous ne pourrons pas nous flatter d'avoir donné à notre peuple une félicité assez parfaite ;

Tout vu et considéré,

Avons décrété et décrétons ce qui suit :

Le peuple français est divisé en trois états.

Le premier, dit *ordre de la noblesse*, et qui sera composé de tous les membres de la légion d'honneur, ainsi qu'il sera développé ci-après au titre 1er.

Le second, dit *ordre des cadets*, qui étant un acheminement graduel à la noblesse par le mérite, comportera les ascendans, freres, sœurs et derniers descendans des nobles, ainsi que tous les différens personnages désignés ci-après au titre 2.

Le troisième, dit *état roturier*, comprendra les avoués, commissaires-priseurs, greffiers, huissiers, fabriquans, marchands, artisans, ouvriers, et tous autres personnages désignés ci-après au titre 3.

TITRE PREMIER.

DE LA NOBLESSE.

ARTICLE PREMIER.

LA noblesse est acquise et s'acquierra uniquement par le titre de membre de la légion d'honneur et dans les proportions ci-après énoncées; ce titre ne sera déféré que d'après un mérite particulièrement reconnu, ou suivant la nature des fonctions importantes qu'on exercera dans notre empire; ce qui aura toujours rapport au mérite.

ARTICLE II.

La noblesse prêtera serment de fidélité et d'attachement à notre personne, soit entre nos mains, soit en celles d'un dignitaire par nous désigné : son premier devoir, et auquel elle s'engagera formellement, sera d'exécuter ponctuellement nos ordres, d'être le soutien et l'appui du trône, de coopérer de tous ses moyens à la gloire et à la splendeur de notre empire, d'accroître le bonheur public, de secourir le malheureux dans le besoin, d'aider à extirper de nos états la mendicité, de s'occuper à propager et faire fleurir l'étude des sciences, arts et belles-lettres, de soutenir et même illustrer le commerce, enfin, de faire respecter notre religion et les mœurs. En un mot, la noblesse, devenant notre principal appui, devra toujours fixer ses regards et son attention sur notre personne, et se rendre près de nous au premier appel : nous lui remettons, comme marque de notre confiance, l'honorable soin du bonheur général de notre peuple; et ce conformément à nos intentions, et telles que nous les lui manifesterons ci-après, au titre 4. Par-tout et en tous lieux, le noble devra, par sa bonne tenue, son bon ton et ses égards, sur-tout envers le roturier, dont nous le rendons le second père, se faire distinguer et aimer. Tout en portant au respect, il ne devra jamais oublier que le but de son ordre est le bonheur général et la félicité publique, et qu'un de ses principaux devoirs est d'y travailler. Il devra édifier par son exemple dans tous les lieux où le respect et la décence devront régner : ses mœurs devront être pures.

ARTICLE III.

L'ordre de la noblesse, ou légion d'honneur,

dont nous nous déclarons *chef supréme*, comportera cinq dégrés, savoir :

Celui de *grandissime de l'ordre de la légion*,

Celui de *grand-officier de l'ordre*,

Celui de *commandant de l'ordre*,

Celui d'*officier de l'ordre*,

Et celui de *chevalier de l'ordre*.

ARTICLE IV.

Sont et seront grandissimes les princes de notre sang, ainsi que tous princes, ducs, grands dignitaires de notre empire.

ARTICLE V.

Seront grands-officiers de l'ordre, outre ceux déjà pourvus du titre de grand officier de la légion, tous nos ministres, conseillers d'état, sénateurs, maréchaux et grands-officiers, tant de notre empire que de nos maisons civiles et militaires.

ARTICLE VI.

Seront commandans de l'ordre, outre ceux déjà en possession du titre de commandant de la légion, tous archevêques de notre empire, tous généraux, lieutenans-généraux, gouverneurs de nos palais impériaux, préfets, présidens de *cour de révision*, aujourd'hui dite de *cassation*, du corps législatif et de notre comptabilité, qui prendra le titre de *chambre des comptes*; enfin tous maîtres des requêtes.

ARTICLE VII.

Seront officiers de l'ordre, outre ceux déjà pourvus du titre d'officier de la légion, le président du tribunat, tous législateurs, tous conseillers-juges de la cour de révision, tous conseillers de notre chambre des comptes, tous présidens des huit *parlemens* qui doivent, aux termes d'un des articles du titre 4 ci-après, remplacer nos cours d'appel et criminelles; tous évêques, procureurs-généraux, auditeurs du conseil d'état, tous sous-préfets et tous membres de l'institut qui, d'après l'organisation nouvelle par nous donnée à cet institut, par un des articles du titre 4 ci-après, prendront le titre de *conseillers de l'université française et impériale des sciences, arts et belles-lettres.*

ARTICLE VIII.

Enfin, seront chevaliers de l'ordre, outre les simples membres actuels de la légion, tous tribuns, conseillers des huit parlemens susmentionnés, présidens et procureurs-impériaux des *présidiaux*, qui, aux termes d'un des articles du titre 4 ci-après, doivent remplacer nos tribunaux de première instance.

ARTICLE IX.

Le titre de grandissime sera transmissible par hérédité de race en race dans les familles des princes de notre sang. A l'égard des autres grandissimes, non princes de notre sang, ce titre ne sera transmissible qu'à leurs enfans : leurs petits-enfans perdront un dégré de noblesse, à moins que leur mérite personnel ne nous porte à le leur conserver. Les enfans de ces petits-enfans conserveront le même dégré que leur père ; mais leurs petits-enfans perdront encore un dégré ; et ainsi de suite à l'infini par décroissement de petits-enfans en petits-enfans jusqu'au premier dégré de cadets, où le décroissement cessera d'avoir lieu, et où nous voulons que les derniers descendans de ces grandissimes restent, dans le cas où leur mérite individuel ne nous porterait pas à les élever. En conservant toujours aux propres enfans le même dégré de leur père, nous pensons qu'ayant sous les yeux leur exemple, ce sera un motif pour eux de travailler à conserver, pour ne pas dire accroître, la gloire de leur nom.

ARTICLE X.

Les titres de grand-officier et de commandant de l'ordre seront également transmissibles par hérédité aux propres enfans de ces titulaires; mais leurs petits-enfans, à moins que leur mérite personnel ne nous porte à en ordonner autrement, perdront un dégré ; enfin, le décroissement se fera, comme il vient d'être dit pour la race des grandissimes, non princes de notre sang ; mais ce décroissement s'opérera jusqu'au second dégré des cadets inclusivement, passé lequel il cessera d'avoir lieu.

ARTICLE X.I.

Il en sera de même des titres d'officier et chevalier ; c'est-à-dire, que le décroissement aura toujours lieu de deux races en deux races ; mais jusqu'au troisième dégré de cadets inclusivement, où les derniers descendans resteront après le décroissement graduel opéré.

Ce moyen d'hérédité raisonnée et combinée d'après les principes d'équité rendra évidemment une noblesse qui se trouverait anciennement invétérée dans une famille et aux mêmes dégrés, alors beaucoup plus glorieuse et plus honorable.

ARTICLE XII.

Tous personnages par nous nouvellement promus, par les articles 5, 6, 7 et 8 ci-dessus, aux différens grades de l'ordre de la légion, en raison de leur mérite ou fonctions, ne jouiront de la pension ordinairement attachée à ces grades, qu'autant qu'elle leur appartiendrait déjà, ou qu'elle viendrait à leur être accordée par un décret particulier.

ARTICLE XIII.

Tous nobles devront toujours porter la marque distinctive de leur ordre, et non le ruban seul. Les grandissimes porteront le grand cordon de l'ordre avec la grande étoile en diamans; les grands-officiers porteront également le grand cordon avec la grande étoile en or; les commandans porteront aussi le grand cordon et la grande étoile en argent; les officiers porteront l'étoile en or, attachée à leur boutonnière avec le petit ruban de l'ordre; enfin les chevaliers porteront une très-petite étoile, mais en argent, également pendue à leur boutonnière par le petit ruban de l'ordre.

ARTICLE XIV.

Tout noble qui méritera près de nous sera élevé à un grade supérieur au sien.

Outre les grands fiefs par nous déjà érigés en duchés et créés à titre de surcroît de récompense, et qui enfin feront partie des grandes dignités de notre empire, nous nous proposons d'en créer incessamment d'autres de quatre natures différentes et de moindre dégré : ces fiefs prendront le nom de *marquisat*, *comté*, *vicomté*, et *baronnie*. Nous nous réservons de les déférer, soit à ceux de nos sujets nobles que nous jugerons à propos, et qui nous auront rendu des services tout-à-fait particuliers, aux armées ou autrement ; soit aux descendans de noble qui auront su, par leur valeur ou mérite personnel, conserver et même accroître la gloire et le nom de leurs ancêtres ; soit enfin à tous particuliers non nobles que des événemens tout-à-fait étranges nous porteraient à récompenser particulièrement. Le seul titre de marquis donnera de suite le rang de grand-officier de l'ordre ; celui de comte donnera le rang de commandant de l'ordre; celui de vicomte donnera le rang d'officier de l'ordre ; celui de baron donnera le rang de chevalier de l'ordre. Différens droits, soit honorifiques, soit pécuniers, seront attachés à chacun de ces titres, qui ne seront transmissibles qu'aux enfans mâles des titulaires ; à l'égard des petits-enfans et autres descendans mâles, nous nous réservons, dans le cas où leur mérite personnel et individuel leur ferait soutenir la gloire et le nom de leurs ancêtres, de leur déférer cette même transmissibilité.

Au moyen de la création de ces fiefs et grands

fiefs, nous compterons à l'avenir cinq grades de dignitaires dans notre empire.

ARTICLE XV.

Le divorce est interdit à tous nobles : ils auront uniquement la voie de la séparation de corps. Leur mariage ne sera valide qu'autant qu'il sera reconnu par nous, et enregistré à la grande-chancellerie de l'ordre, sur un registre particulier à cet effet. Nous ne reconnaîtrons pour héritiers des nobles que les enfans légitimes nés de mariages reconnus : tous autres seront censés roturiers. En cas de séparation de corps, l'épouse, par décence, se retirera dans une maison qui lui sera indiquée par le grand-chancelier de l'ordre; et à défaut de fortune suffisante pour son rang, il sera pourvu avec dignité à tous ses besoins, ainsi qu'il sera dit ci-après au titre 4.

ARTICLE XVI.

Tout noble prenant un des états attachés à la classe de la roture dérogera : néanmoins un jeune noble qui, uniquement dans l'intention de s'instruire, ou pour travailler utilement, aurait pris de l'emploi, soit dans un bureau de nos administrations civiles, militaires, ou ministérielles, soit chez un avoué, ne dérogera nullement; attendu que ces parties peuvent être nécessaires pour l'instruction de la jeunesse.

ARTICLE XVII.

Le commerce, et non le trafic, est permis à tous nobles, à partir même des grandissimes; mais pour l'exercer, ils seront tenus de se faire inscrire au *cercle du commerce*, dont sera parlé ci-après à un des articles du titre 4.

ARTICLE XVIII.

La noblesse aura pour justice directe les huit parlemens dont il a été parlé plus haut; et elle ne pourra être traduite ni traduire ailleurs. Aucune action ne pourra être intentée qu'après avoir été auparavant examinée et discutée par une des chambres conciliatrices attachées à ces cours. Ces parlemens comporteront la partie civile, celle criminelle, celle de police judiciaire, et enfin celle commerciale; ils seront à cet effet divisés en *chambres*. Nous nous réservons de donner plus bas (*à la sixième partie de l'ouvrage*) leur organisation, tant pour ce qui concernera particulièrement la noblesse, que pour ce qui aura rapport à notre peuple en général.

ARTICLE XIX.

Tout noble repris de justice, une fois déclaré atteint et convaincu du délit dont il aurait été accusé, dérogera; mais non sa famille.

ARTICLE XX.

Si un noble vient à tenir une conduite déshonorante pour l'ordre, sa famille devra en prévenir le grand conseil de l'ordre, qui, par une mûre délibération, prendra à son égard tel arrêté qu'il jugera convenable. Cet arrêté, pour avoir son plein et entier effet, devra être sanctionné par nous. A défaut par la famille d'en avoir prévenu, nous la rendons responsable; et alors le droit d'hérédité sera perdu pour elle.

ARTICLE XXI.

Tout noble reconnu par nous avoir violé son serment en tout ou partie subira la peine de dérogation.

En général, tout noble qui aura dérogé ou subi la dérogation sera tenu de changer de nom.

ARTICLE XXII.

Le point central de l'ordre sera la grande-chancellerie de la légion, administrée par le grand-chancelier, qui prendra le rang de prince grand dignitaire de l'empire; il sera assisté d'un grand conseil que nous nous réservons de présider quand bon nous semblera; en cas de séances impériales, le grand-chancelier fera alors les fonctions de grand-rapporteur de l'ordre ; il sera dépositaire des sceaux et des archives de l'ordre ; et il aura sous lui un archiviste. L'ordre aura deux sceaux : le grand et le petit. Le petit, qui ne servira que pour les objets ordinaires et courans, sera de forme octogone ; et représentera un faisceau surmonté d'un aigle ; l'écusson sera entouré du grand cordon de l'ordre, au bout duquel sera la grande étoile. Le grand sceau comportera deux écussons accolés ensemble : l'un, c'est-à-dire celui à droite, comportera les armes impériales ; l'autre, c'est-à-dire celui à gauche, comportera les armes ci-dessus désignées et particulières à l'ordre de la noblesse.

ARTICLE XXIII.

La grande-chancellerie prendra le titre de *palais de l'ordre*, et aura une garde d'honneur.

ARTICLE XXIV.

Tout militaire sous les armes devra les présenter devant un membre de l'ordre.

ARTICLE XXV.

Le véritable point d'honneur ne devant réellement consister qu'à bien servir et défendre sa patrie ; la vie de chaque sujet étant la propriété de l'état et non la sienne ; enfin les armes n'étant que pour le service militaire : tout duel est expressément défendu: tout contrevenant sera (*sans espoir de pardon*) dégradé, soit personnellement, soit par contumace. Tous différens entre les membres de l'ordre seront jugés conciliatoirement à la grande chancellerie. Enfin, nul militaire, autre qu'officier, ne pourra hors de service, porter d'armes ; et même, pour avoir ce droit, l'officier devra être membre de l'ordre.

Le grand-chancelier est spécialement chargé de la stricte exécution du présent article.

ARTICLE XXVI.

L'union et la concorde devront faire la base de l'ordre ; néanmoins la subordination devra exister proportionnellement à chaque grade. En conséquence, le chevalier devra porter respect à l'officier ; l'officier au commandant ; le commandant au grand-officier, et celui-ci au grandissime.

ARTICLE XXVII.

L'ordre de la noblesse prendra les deuils de cour ; en un mot suivra toutes les étiquettes.

TITRE DEUXIÈME.

DE L'ORDRE DES CADETS.

ARTICLE PREMIER.

L'ORDRE des cadets sera l'acheminement graduel et par le mérite à la noblesse. Le cadet devra marcher sur les traces du noble, et suivre en tout son exemple de grandeur et d'humanité.

ARTICLE II.

Cet ordre comportera trois dégrés.

Le premier comprendra les ascendans, frères et sœurs (non nobles), les derniers descendans (après le décroissement graduel dont a été parlé plus haut) des grandissimes, non princes de notre sang, ainsi que les ascendans, frères et sœurs (non nobles) des grands-officiers et commandans de l'ordre : il comprendra en outre les petits-enfans des chevaliers, ainsi que toutes personnes, non-nobles, revêtues simplement des titres et qualités savoir : de conseillers de présidiaux, substituts de procureurs-généraux et impériaux, avocats, notaires, candidats de l'université (c'est-à-dire ses membres de second dégré); proviseurs de lycées, prenant le titre de *recteurs ;* instituteurs de l'université (mentionnés ci-après dans un des articles du titre 4); officiers militaires de terre et de mer; membres du cercle du commerce (énoncés ci-après dans un des articles du titre 4); enfin, receveurs-généraux, administrateurs-généraux, tant civils que militaires et sécrétaires-généraux de nos ministres.

Tous ces membres acquierront au bout de vingt ans de leur admission dans cet ordre et de bonne conduite et d'exercice honorable de leurs fonctions, le titre de chevalier de la légion d'honneur; néanmoins nous nous réservons, en cas de mérite tout-à-fait particulier, de devancer ce laps de tems, et même d'élever à un grade supérieur à celui de chevalier. Les membres de ce premier dégré de *cadet* prendront le titre de *cadet de première ligne.*

Le second dégré comprendra les ascendans, frères et sœurs (non nobles) des officiers et chevaliers de l'ordre de la légion, ainsi que les derniers descendans des grands officiers, commandans et officiers de l'ordre de la légion, toutefois après le décroissement graduel ci-dessus mentionné : il comprendra en outre toutes personnes, non nobles, revêtues des qualités de juges de paix, conseillers-conciliateurs, ci-après mentionnés, en un des articles du titre 4 relatif à l'ordre judiciaire; greffiers en chef de cour de parlement; magistrats de sureté; commissaires de police (mais prenant toutefois le titre de sous-lieutenans de police, ainsi qu'il est dit à l'art. 11 du tit. 4 ci-après) enfin, agrégés de l'université (c'est-à-dire, ses membres de troisième dégré) grands-vicaires, curés, chanoines, secrétaires-généraux de préfecture, maires, particuliers éduqués et fortunés, qui, aux termes d'un des articles du titre 4 ci-après, feront, pour contribuer au bonheur public, un versement volontaire qui ne pourra être moindre de 20,000 f.

Les membres de ce second dégré, et qui prendront le titre de *Cadets de seconde ligne*, seront, au bout de vingt ans d'exercice honorable de leur profession et de bonne conduite, élevés au premier dégré de l'ordre des cadets.

Le troisième dégré comprendra les derniers descendans des chevaliers de l'ordre de la légion (toutefois après le décroissement graduel), ainsi que les descendans frères et sœurs des cadets de première et deuxième lignes; et en outre toutes personnes, non nobles, revêtues des qualités d'agréés de l'université (c'est-à-dire ses membres de quatrième dégré); secrétaires-généraux de sous-préfecture, trésoriers, caissiers, receveurs, percepteurs et autres comptables envers nous; chefs, directeurs, secrétaires - généraux d'administrations publiques, tant civiles que militaires, greffiers en chefs de nos présidiaux, chefs de divisions de bureaux ministériels, tous ecclésiastiques dans les ordres; dames de Saint-Vincent et hermites de Bon-Secours, désignés dans un des articles du titre 4 ci-après, comme chargés de contribuer au bien général.

Les membres de ce dernier dégré, prenant le titre de *cadets de troisième ligne*, seront élevés au second dégré au bout de vingt ans d'exercice honorable de leurs fonctions et de bonne conduite.

ARTICLE III.

Tous les derniers descendans en ligne directe des cadets de première et seconde ligne seront cadets de la troisième, toutefois après le décroissement graduel; il en sera de même de ceux de la troisième ligne; mais ce titre ne sera transmissible qu'à leurs descendans, et non à leurs ascendans frères et sœurs; qui feront seulement partie de la première bourgeoisie de la roture.

ARTICLE IV.

Les cadets de première ligne auront seuls une marque distinctive, qui consistera en un ruban verd attaché à la boutonnière, et qu'ils devront toujours porter.

ARTICLE V.

Nul ne pourra occuper de places marquantes dans nos maisons, administrations et bureaux, tant civils que militaires, qu'il ne soit de l'ordre des cadets.

ARTICLE VI.

Tout cadet qui se distinguera d'une manière particulière, soit envers nous, soit envers l'état, sera de suite promu à un des grades de la noblesse.

ARTICLE VII.

Un cadet venant à prendre un des états roturiers ci-après désignés, rentrera dans la roture et même dans la classe conforme à cet état ; si sa famille est noble, il sera tenu de changer de nom et de renoncer à sa succession.

ARTICLE VIII.

Le divorce est interdit à tous cadets ; ils auront seulement la voie de la séparation de corps : le mariage des cadets ne sera valide qu'autant qu'il sera reconnu par nous de la manière dont sera ci-après parlé, à un des articles du titre 4.

L'hérédité de cadets n'appartiendra qu'aux enfans nés de mariage reconnu ; quant aux autres ils naîtront roturiers, et seront réputés enfans naturels.

ARTICLE IX.

En cas de séparation de corps, l'épouse se retirera dans une maison qui lui sera désignée ; et, à défaut de fortune, il sera pourvu par nous à tous ses besoins, de la manière et ainsi qu'il sera dit plus bas au titre 4, et ce avec dignité et convenance.

ARTICLE X.

L'exercice du commerce en gros ne sera permis qu'aux nobles et cadets : tous commerçans seront érigés, comme il sera encore dit plus bas au titre 4, en un cercle dit *cercle des commerçans*, ayant une chancellerie particulière.

ARTICLE XI.

Il en sera de même des avocats ; leur cercle prendra le titre de *cercle de barreau*.

ARTICLE XII.

Les notaires seront également en cercle, dit *cercle notarial*.

ARTICLE XIII.

La jurisdiction des cadets sera la grand-chambre des présidiaux, dont l'organisation sera ci-après (*à la sixième partie de l'ouvrage*).

ARTICLE XIV.

Tout cadet repris de justice, une fois déclaré atteint et convaincu du délit dont il aurait été accusé, perdra son titre de cadet, mais non sa famille.

ARTICLE XV.

Si un cadet vient à tenir une conduite déshonorante pour l'ordre, sa famille devra en prévenir le grand conseil du *congrès eudémonien*, dont sera ci-après parlé au titre 4, qui, d'après une mûre délibération, prendra, à son égard, tel arrêté qu'il jugera convenable; autrement, et à défaut par la famille d'en prévenir, comme responsable, elle perdrait son hérédité du titre de cadets.

ARTICLE XVI.

Tout cadet sera tenu à un serment prêté entre les mains d'un dignitaire par nous désigné;

ce serment sera le même que celui de la noblesse ; et tout cadet reconnu par nous pour l'avoir violé en tout ou partie, dérogera.

ARTICLE XVII.

Tout duel est également prohibé pour les cadets, et contraire aux lois ; en conséquence tous contrevenans seront dégradés et punis sévèrement. Aucun militaire, de tel grade qu'il soit, ne pourra, hors son service, porter d'armes.

ARTICLE XVIII.

Le cadet devra respect et égard au noble, proportionnellement à son grade ; néanmoins l'union et la concorde devront régner entr'eux : ce respect ne devra y porter aucune atteinte.

ARTICLE XIX.

Le point de réunion de l'ordre des cadets sera la *grande-maîtrise du congrès eudémonien*, dont sera parlé ci-après au titre 4.

ARTICLE XX.

L'ordre des cadets suivra les deuils de cour et étiquettes.

TITRE TROISIEME.

DE LA ROTURE.

ARTICLE PREMIER.

L'ÉTAT roturier formera deux classes : l'une dite de la *bourgeoisie*, l'autre dite des *journaliers*.

ARTICLE II.

La bourgeoisie comportera quatre parties.

La première bourgeoisie comprendra les avoués qui reprendront le nom de *procureurs*; les commissaires-priseurs ; les commissaires de police (si on les laisse subsister tels qu'ils sont aujourd'hui) ; les inspecteurs de police ; les greffiers et commis-greffiers ; les huissiers ; les agens d'affaires qui prendront le nom et les attributions de *receveurs sur particuliers et sur l'état*; les entrepreneurs de bâtimens; fermiers ; maîtres de roulage ; loueurs de voiture; écrivains , prenant le nom de *maîtres d'écriture*; les commissionnaires au Mont-de-Piété ; fumistes ; enfin tous particuliers , non-nobles ni cadets , vivant de leurs biens ou n'exerçant aucun des états ci-après énoncés; elle comportera également tous les ascendans frères et sœurs des cadets de troisième ligne, ainsi que tous courtiers de change et de commerce.

La seconde bourgeoisie comprendra les fabricans (et non manufacturiers), ceux-ci faisant partie du cercle du commerce.

La troisième bourgeoisie comprendra les marchands détaillans ou débitans et les hôtelliers.

La quatrième bourgeoisie comprendra tous les artisans, tels que les *peintureurs* en bâtimens, meubles et sur papier; les tapissiers; les serruriers; modistes; modeleurs; figuristes; marbriers; fleuristes; brodeurs; cordonniers; enfin tous artisans pourvus de maîtrise.

ARTICLE III.

La classe des journaliers formera deux parties:

Les premiers journaliers comprendront tous barbiers, ouvriers et ouvrières, soit au jour, soit à la semaine, au mois ou à l'année, soit travaillant chez eux pour les maîtres, soit enfin compagnons, et de tels genre et état qu'ils soient; ainsi que tous revendeurs, tels que marchands d'habits, à la toilette et à l'éventaire.

Les seconds comprendront tous manouvriers, porteurs-d'eau, cochers de place; charretiers; ramoneurs, décroteurs, commissionnaires, portiers, ainsi que tous valets et servantes quelconques.

ARTICLE IV.

Chacun des états de la classe de bourgeoisie formera autant de corporations distinctes, soumises chacune à une chambre syndicale relevant des préfectures de départemens, ainsi qu'à des statuts et réglemens d'ordre et de police.

ARTICLE V.

La classe des journaliers ne formera que deux corporations, chacune soumise à une chambre syndicale; la première corporation sera celle des premiers journaliers; la seconde celle des seconds journaliers.

ARTICLE VI.

Chaque chambre syndicale sera composée d'un syndic et de quatre adjoints nommés tous les ans par le préfet du département, et pris, savoir ceux pour les classes de bourgeoisie, parmi les membres de chacune de ces corporations, et ceux pour les classes des journaliers, parmi les bourgeois vivant de leurs biens. Les attributions de ces chambres seront uniquement de veiller à l'exécution des statuts et réglemens de police des corporations ; d'entendre et de concilier les parties sur les plaintes rendues contre les membres de ces corporations, et d'en faire leur rapport au préfet, qui seul statuera, s'il y a lieu, à l'application de peine ; à l'égard des chambres des procureurs , commissaires-priseurs et huissiers, les rapports seront faits aux présidens des présidiaux, qui seuls statueront s'il y a lieu à infliger la peine qu'on aura encourrue. La qualité de *Maître* n'appartiendra qu'aux avocats et notaires. Les fonctions et qualités d'avocats, docteurs ou licenciés en droit sont incompatibles avec celles de procureurs. L'opération des chambres syndicales sera en outre de maintenir l'union et la fraternité entre les membres de corporation et de faire connaître aux préfets les besoins individuels des membres. Tous repas de corps aux frais de corporations étant abusifs et faits au préjudice des membres, ainsi que ceux faits sur les fonds de la caisse des chambres, sont interdits : ces fonds ne devront être employés qu'aux frais des bureaux et au soulagement des membres de la corporation dans le malheur. Tous les ans les chambres syndicales devront rendre au préfet ou sous-préfet leurs comptes bien détaillés par articles de recette et de dépense. Tous mémoires et réclamations présentés par un des membres de corporations contre une chambre syndicale seront remis directement au préfet, qui y statuera dans les huit jours de leur présentation.

ARTICLE VII.

Tous personnages employés dans les comptoirs des marchands détaillans ou débitans prendront la dénomination de garçons ou filles de boutique; et comme tels feront partie des premiers journaliers. Le titre de *commis* ou *préposé* n'appartiendra qu'aux employés de bureaux, administrations ou maisons de commerce, et qui seront de la première classe de la bourgeoisie. Les copistes et autres écrivains, non maîtres-d'écriture, prendront le titre de *scribes*, et feront partie de la dernière bourgeoisie.

ARTICLE VIII.

Tous membres de corporations devront être inscrits à leur chambre syndicale réciproque; et nul ne pourra exercer sans cette inscription. Il y aura à cet effet un secrétaire perpétuel par chaque chambre, ainsi qu'un commis.

ARTICLE IX.

Les syndics seuls auront droit d'assister aux fêtes publiques sous le costume qui leur sera indiqué; ils seront convoqués par le préfet de département.

ARTICLE X.

Les roturiers vivant de leurs biens et sans aucun état auront également une chambre syndicale; leur syndic, pris et choisi parmi eux par le préfet du département et nommé pour dix ans, prendra le titre de *bourguemestre*, et aura dans les cérémonies le pas sur tous les syndics; il sera en outre adjoint du maire; au bout de 20 années d'exercice de ses fonctions remplies avec honneur, il sera promu au grade de cadet de troisième ligne.

ARTICLE XI.

Le droit de patente ne sera plus relatif aux états roturiers; il sera remplacé par un droit de maîtrise payable de la même manière, c'est-à-dire tous les ans. Nous nous réservons d'en fixer le montant plus bas (*à un des articles de la troisième partie de l'ouvrage*). Tous particuliers exerçant comme maîtres, sans maitrise, seront sujets à détention.

ARTICLE XII.

Pour pouvoir exercer un des états sujets à maîtrise, il faudra, quant aux personnes présentement en exercice, se faire inscrire à sa chambre, et justifier de sa patente de l'année; et à l'avenir nul ne pourra exercer comme maître, s'il ne justifie de sa capacité ; et ce par un certificat en forme de sa chambre.

ARTICLE XIII.

Tous propriétaires et principaux locataires seront responsables des locataires qui, logeant chez eux, exerceraient un état en contravention aux présens décrets.

ARTICLE XIV.

Le tems des apprentissages de chaque état sera fixé par le préfet du département, d'accord avec la chambre syndicale ; mais les apprentifs ne paieront aucune rétribution à leurs bourgeois pendant le tems de leur apprentissage ; ces derniers jouiront seulement de leur tems, et ne pourront exiger d'eux que ce qui aura rapport à leur apprentissage ; en un mot leurs bourgeois ne pourront nullement se servir d'eux comme de domestiques, ni les frapper.

ARTICLE XV.

Le nombre des marchands ou détaillans sera fixé pour chaque nature et espèce ; mais la réduction, s'il y a lieu, sur ceux qui n'ont point acheté de fonds depuis l'on 1800 ; quant aux autres, elle se fera par extinction, c'est-à-dire à-fur-et-mesure de décès ; en conséquence, jusqu'à la parfaite réduction, les veuves ou héritiers de marchands décédés ne pourront aucunement vendre leurs fonds en masse ; les marchandises qui les composeront seront vendues en détail, et le fonds supprimé.

ARTICLE XVI.

Le marchand ne pourra que détailler et non vendre en gros ; il devra être en boutique sur la rue, et avoir son nom inscrit sur sa porte.

ARTICLE XVII.

La faculté de souscrire, tirer, accepter ou endosser des lettres de change, billets à ordre et même au porteur est interdite à tous roturiers à partir du jour de la promulgation des présentes lois : cette faculté n'appartiendra qu'aux membres du cercle du commerce ; en conséquence tous effets de cette nature qui se trouveraient revêtus de la signature d'un roturier seront nuls et de nul effet pour toutes les parties quelconques.

ARTICLE XVIII.

Les fabricans et artisans dans le cas de gêner leurs voisins, soit par l'odeur, soit par la malpropreté, soit par le bruit, soit par la crainte du feu, ne pourront résider dans l'intérieur des villes; ils seront tenus d'habiter les endroits écartés et aërés des faubourgs ou villages, sous peine d'être expulsés de suite.

ARTICLE XIX.

Les corporations des fabricans et marchands releveront de la chancellerie du commerce; elles seront dirigées par un prévôt dit *prévôt des marchands*, pris et choisi par nous parmi les conseillers de la chancellerie du commerce; leurs chambres syndicales auront, quant au trafic, un rapport direct avec lui et non avec les préfets.

ARTICLE XX.

Tout enfant, dès son bas âge, devra être placé, soit dans des ateliers, soit dans des écoles, ou être occupé chez ses parens; en conséquence, tous ceux qui seraient trouvés errant ou jouant dans les rues, places publiques, ou enfin même oisifs, seront arrêtés; et leurs parens subiront une amende.

ARTICLE XXI.

Tout particulier de l'un et l'autre sexe, estropié ou non estropié, trouvé mendiant ou vêtu *misérablement* après la publication de la présente loi, sera arrêté et conduit, savoir, celui estropié dans une des commanderies ci-après mentionnées en un des articles du titre 4, et celui mendiant ou vêtu misérablement, dans un des douze cents ateliers et fabriques créés pour travaux publics, ainsi qu'il sera également fait mention par un des articles du même titre 4 ci-après.

ARTICLE XXII.

Chaque ménage de la classe de bourgeoisie devra avoir une servante, et toutes maisons quelconques devront avoir un portier. Aucun bourgeois ne pourra faire porter à son domestique la moindre apparence de livrée.

ARTICLE XXIII.

Autant pour rétablir nombre de fabriques de première nécessité et vraiment essentielles que le luxe inconsidéré et insensé, adopté par toutes les classes indistinctement, avait anéanties; que pour fournir à l'ouvrier les moyens de travailler, et enfin empêcher la ruine de nombre de ménages, nous jugeons convenable d'assigner à chaque classe une mise analogue à son état; ainsi qu'à ses moyens pécuniers; nous déterminerons plus loin (*à la troisieme partie*) nos intentions relativement au présent article.

ARTICLE XXIV.

Tous fabricans et artisans, à gros et bruyans métiers, devront être au rez-de-chaussée, sur la cour, et non sur la rue. Quant aux autres, ils devront être en chambre. En général, aucun fabricant ou artisan, quelqu'il soit, ne pourra être en boutique.

ARTICLE XXV.

Un même individu, soit homme ou femme, ne pourra être tout à la fois marchand et fabricant; le marchand ne pourra vendre et débiter que l'objet relatif à l'espèce de son trafic, et non différentes natures de marchandises. Il en sera de même des artisans; ce moyen étant le plus efficace pour organiser le trafic, et faire revivre le commerce.

A l'avenir nul ne pourra être reçu marchand qu'il n'ait auparavant subi un tems d'apprentissage dans l'attelier ou fabrique de la compétence du genre de trafic pour lequel il se présentera; par ce moyen, le marchand sera à même de connaître à fond tous les détails de son état. Ce tems d'apprentissage sera fixé par les préfets de département d'accord avec les chambre syndicales.

ARTICLE XXVI.

Chaque chambre syndicale aura, pour la commodité des membres, et pour l'utilité des garçons, ouvriers et domestiques, un bureau par chaque mairie de département, où tous ouvriers, garçons, filles de boutiques et domestiques s'inscriront pour avoir des places en cas de besoin, le tout gratuitement; et où enfin les maîtres pourront également s'adresser pour se procurer des ouvriers, garçons, filles de boutiques et domestiques.

ARTICLE XXVII.

Le divorce est interdit à tous époux ayant des enfans; en cas d'enfans, on aura seulement la voie de la séparation de corps.

TITRE QUATRIEME.

Réunion des deux ordres de noblesse et cadets pour le bien public.

ARTICLE PREMIER.

L'ORDRE de la noblesse, ainsi que celui des cadets, comme particulièrement chargés par nous du soin de la splendeur de notre empire, dans toutes ses parties essentielles, tel que de faire fleurir les sciences, arts, belles-lettres et commerce, et de procurer à notre peuple le bonheur le plus parfait, seront, quoique distincts l'un de l'autre, néanmoins réunis pour ce en un cercle dit *congrès eudémonien*, dont nous nous déclarons *grand-maître.*

Tous nobles et cadets sont membres nés de ce congrès.

ARTICLE II.

Comme les principaux soins et opérations du congrès ne peuvent être déférés à la totalité de ses membres, ce congrès comportera quatre grades de distinction qui seront occupés par des membres pris et choisis dans la noblesse.

Ces quatre grades seront :

Celui de *pair du congrès*, qui appartiendra aux grandissimes de l'ordre de la légion.

Celui de *grand-commandeur du congrès*, qui sera déféré aux grands-officiers de l'ordre, y compris les marquis

Celui de *commandeur du congrès*, qui sera déféré aux comtes et vicomtes.

Et celui de *sous-commandeur* du congrès, qui sera donné aux barons.

ARTICLE III.

Nous nous réservons de déterminer plus loin (*à la huitième partie*) les attributions de chacun de ces grades, ainsi que celles des *auditeurs*, *sous-auditeurs* de service, autrement dits de semestre auprès du grand conseil du congrès ; fonctions qui seront déférés; savoir, celles d'auditeurs à un nombre fixe de chevaliers de l'ordre de la légion, et celles de sous-auditeurs à un nombre de cadets; le tout choisi et nommé par nous.

ARTICLE IV.

L'administration générale du congrès prendra

le titre de *grande-maîtrise*; et sera le point central de tout ce qui aura rapport aux opérations dépendantes de ce congrès, ainsi que des objets de sa compétence; cette administration sera confiée à un gouverneur, qui sera nommé par nous, et qui prendra le titre de *gouverneur magnifique du congrès eudémonien.*

ARTICLE V.

Outre le palais de la grande-chancellerie de la légion, qui sera particulier à l'ordre de la noblesse, le congrès aura son grand palais. Ce palais sera à Paris et prendra le nom de *Palladium Eudémonien*; il sera tout à la fois et le point de ralliement du congrès et le lieu où siégera son grand conseil, présidé, en notre absence, par le grand-chancelier de l'ordre de la légion. Le gouverneur magnifique du congrès y fera les fonctions de grand rapporteur. Ce palais sera le dépôt sacré, comme gage de notre confiance, de notre couronne et de nos attributs impériaux; il sera à la garde de la noblesse militaire, et formera le lieu de réunion des nobles et cadets. Il sera construit à Tivoli, rue Saint-Lazare, au frais du congrès, et d'après les plans qui nous ont été soumis. Ce local devra, par sa tenue et sa magnificence, donner une idée de la splendeur de notre empire: le gouvernement de ce palais appartiendra au gouverneur magnifique du congrès.

ARTICLE VI.

Tous soldats membres de l'ordre de la noblesse seront, aussi-tôt la paix générale, enrégimentés dans un corps absolument particulier et aux frais du congrès : ce corps prendra le titre de *corps martial de la légion d'honneur*. En cas d'affaires majeures, ce régiment formera corps de réserve auprès de nous ; en général tous postes d'honneur lui appartiendront ; nous nous réservons de déterminer plus loin (*à la septième partie*) l'organisation et la division de ce corps. Il sera servi à chacun de ces soldats, par le congrès, une pension de 400 fr. pour frayer aux dépenses de costume. A l'avenir, toutes places d'officiers venant à vaquer seront décernées à des soldats ou bas-officiers pris dans ce corps.

ARTICLE VII.

L'institut national, dont la destination est de perfectionner les sciences et arts, ainsi que de suivre les travaux scientifiques et littéraires qui ont pour objet l'utilité générale et la gloire de l'empire, étant par cela l'espèce de boussole et de foyer des sciences ; et embrassant d'ailleurs par sa nature et sa composition l'universalité des sciences, arts et belles-lettres; ses dénominations d'*institut* et même d'*académie*, lui étant impropres, en ce que l'une ne peut convenir qu'à une maison d'éducation, et l'autre à une réunion ordinaire de savans; nous voulons et entendons qu'à partir de ce jour cet institut prenne le titre convenable d'*université française et impériale des sciences, arts et belles-lettres* : cette université, dont nous nous déclarons *primat*, sera présidée par nous, et administrée par un grand-chancelier, prenant le rang de prince grand dignitaire de notre empire : notre intention étant d'environner de toute la splendeur et dignité convenable cette université, tous les frais qui lui seront relatifs et voulus par la nouvelle organisation que nous allons lui donner ci-après, (*à la deuxième partie de l'ouvrage, comportant le développement total de cette université*), seront à la charge du congrès eudémonien; en conséquence, le gouverneur magnifique du congrès devra s'entendre pour ce avec le grand-chancelier de cette université.

Pour l'honneur des sciences, arts et belles-lettres, dont désormais l'exercice ou profession publics ne devront souffrir aucune médiocrité, tout ce qui y aura rapport *d'une manière quelconque* en fera partie intégrante et formera sa composition.

Toute la partie de l'instruction publique dans notre empire dérivera et dépendra d'elle, et en conséquence sera sous sa surveillance générale. Aucune partie de sciences, arts et belles-lettres ne pourra être exercée ou professée que de son assentiment, et qu'autant qu'on serait admis à un des dégrés ci-après désignés. Nous nous réservons de donner ci-après l'organisation des quatre nature de maisons d'instruction et d'éducation qui pourront seules être admises dans notre empire, et seront sous la surveillance de l'université.

La partie typographique et bibliographique, ayant une espèce de rapport avec les sciences, arts et belles-lettres, sera également sous sa surveillance.

Le corps de l'université sera composé de quatre dégrés :

Le premier, dit de *conseiller de l'université*, qui appartiendra à tous personnages authentiquement reconnus pour le présent, comme pour l'avenir, pour être d'un mérite vraiment transcendant dans une des parties de sciences, arts et belles-lettres ;

Le second, dit de *candidat de l'université*, qui sera composé de tous personnages authentiquement reconnus pour être du premier mérite dans une desdites parties ;

Le troisième, dit d'*agrégés de l'université*, qui sera composé de ceux de nos sujets reconnus pour être du second mérite dans une desdites parties;

Enfin, le quatrième, dit d'*agréé de l'université*, qui sera formé de tous ceux reconnus en état d'exercer ou professer convenablement, honorablement, et suivant les vrais principes, une desdites parties.

Comme il a été dit plus haut, hors ces quatre dégrés, où chacun devra être inscrit et admis, nul de nos sujets ne pourra exercer ou professer, soit lucrativement ou autrement, dans notre empire, aucune partie de sciences, arts et belles-lettres; et même, pour éviter dorénavant l'emploi abusif des noms de sciences, arts et belles-lettres, nous entendons uniquement par sciences, 1°. celles mathématiques, telles que

La géométrie, La géographie,
La mécanique, La navigation,
L'astronomie, La physique générale.
Et la composition musicale.

2°. Celles physiques, telles que

La chimie, La science vétérinaire,
La minéralogie, L'anatomie,
La botanique, La zoologie,
L'agriculture, La médecine et la chirurgie.

Par arts nous entendons uniquement

La peinture,
La sculpture,
L'architecture,
La gravure,
L'exécution musicale,
La déclamation en tous genres,
Et la chorégraphie, (composition et exécution.)

Et par belles-lettres, nous entendons uniquement la connaissance parfaite des langues anciennes et savantes,

Celle des antiquités et monumens,

Celle de l'histoire,

Celle de toutes les sciences morales et politiques, dans leur rapport avec l'histoire, y compris le droit et la théologie.

Enfin, celle de la littérature ancienne et moderne.

Les dénominations de savans, artistes et littérateurs, sont interdites à tous autres particuliers que ceux professant et exerçant une de ces parties, et toutefois même admis dans un des quatre dégrés ci-dessus.

Il sera établi, comme à Athènes, des locaux de réunion, dits *athénées*, pour les exercices et concours des membres de l'université. Les professions dramatique et lyrique, faisant partie des sciences et arts, et la dignité dont nous entendons faire jouir les arts se trouvant plus que compromise par la tenue actuelle des théâtres ; ainsi que par leur mauvaise nature, nous jugeons convenable de les supprimer tous, à partir de . . . . Il sera créé, en leur lieu et place, des athénées dramatiques et lyriques. Ceux de Paris, prenant le titre d'*athénées impériaux*, seront aux frais du congrès eudémonien. Nous donnerons plus loin (*à la deuxième partie de cet ouvrage*) le développement de nos intentions à ce sujet, ainsi que les statuts et réglemens organiques de ces athénées, et du *cercle dramatique et lyrique*, où seront tenus de se faire recevoir et admettre tous ceux de nos sujets voulant exercer ou professer les arts dramatique et lyrique.

ARTICLE VIII.

Le commerce (considéré toutefois comme il doit être, c'est-à-dire comprenant seulement les négocians, banquiers, agens de change, et manufacturiers, non-fabricans), étant en partie l'âme d'un état, nous le prenons sous notre protection particulière : et toute sa force consistant dans le dégré de confiance plus ou moins grand sur lequel il se trouve établi, son exercice n'appartiendra désormais qu'aux membres du congrès, soit nobles, soit cadets, à partir même des grandissimes : les opérations des marchands détaillans ou débitans prendront la seule dénomination de *trafic*. Nous nous réservons de donner ci-après (*à la troisième partie de cet ouvrage*) le développement de nos intentions à ce sujet, ainsi que les bornes et les limites de chaque détaillant.

Les commerçans seront érigés en un cercle, dit *cercle des commerçans*, dont le chef-lieu, prenant le titre de *chancellerie du commerce*, sera à Paris ; cette chancellérie aura une espèce d'émanation dans chacun de nos départemens : tous les frais qui auront rapport à cette chancellerie seront à la charge du congrès eudémonien, qui même établira, près de sa grande maîtrise, une caisse auxiliaire pour les besoins du commerce.

Les manufacturiers, et non les fabricans, feront partie de ce cercle ; nous nous réservons de déterminer plus loin (*à la troisième partie de l'ouvrage*), lors de l'organisation générale du commerce, la distinction qui, selon nous, subsiste entre le manufacturier et le fabricant.

Tous ceux de nos sujets voulant exercer la profession de commerçant seront, avant tout, tenus de se faire admettre au cercle, et devront pour ce justifier, à la chancellerie du commerce, de la possibilité où ils sont d'exercer avec honneur et dignité cette noble profession : l'admission au cercle du commerce donnera le titre de cadets, si toutefois on n'est pas noble ou cadet de nature.

Tous nobles qui auront exercés dignement et honorablement pendant vingt ans la profèssion de commerçant, ou une des parties de sciences, arts et belles-lettres, seront promus à un grade supérieur.

ARTICLE IX.

La religion catholique, apostolique et romaine étant la nôtre, et par conséquent celle dominante de notre empire, le congrès, comme particulièrement chargé de son soutien, aura un oratoire particulier, formant en même tems séminaire pour l'éducation et instruction de mille jeunes gens, pris dans les nobles et cadets, qui voudraient se destiner à l'état ecclésiastique. Ce séminaire, dit *Sorbonne*, relèvera, quant à la partie de l'instruction, de l'université; et quant à celle administrative de la grande-maîtrise. Nous donnerons ci-après (*à la septième partie de l'ouvrage*), le développement de nos intentions à ce sujet, ainsi que des statuts et réglemens pour l'exercice du culte en général.

ARTICLE X.

Tout ce qui a rapport à la justice et à la magistrature dans un état ne pouvant être environné de trop de grandeur et de dignité; mais l'excessive et inutile multiplicité des cours d'appel et de justice criminelle qui existent aujourd'hui dans notre empire étant, en raison des frais que cela occasionne ; un obstacle à cette dignité, nous jugeons à propos de supprimer à partir de . . . . toutes cours d'appel et criminelles présentement existantes ; et créons uniquement, en leurs lieux et place et pour tout notre empire, huit cours de parlemens, dont nous nous réservons de donner ci-après (*à la sixième partie de l'ouvrage*) les organisations, ainsi que de désigner les lieux de leur siége et leur ressort, notamment le grand parlemeut.

Ces parlemens, qui, par le moyen des diverses chambres dont ils seront composés, réuniront le criminel au civil, seront la jurisdiction directe de l'ordre de la noblesse : les nobles ne pourront être traduits ni traduire ailleurs.

Les juges de ces cours prendront le titre de conseillers de parlement.

Également pour les mêmes motifs que dessus, et toujours dans la vue de pouvoir donner toute la dignité convenable à la magistrature, à quoi s'oppose encore entièrement la trop grande dépense produite par le nombre excessif des tribunaux de première instance, nous supprimons également, à partir de . . . . tous tribunaux de première instance ; et créons en leur lieu et place seulement un *présidial* par chaque département : les juges de ces présidiaux prendront le titre de *conseillers de présidiaux.*

Il y aura auprès de chaque cour de parlement et de chaque présidial une chambre, où seront portées, plaidées et jugées gratuitement toutes les affaires des personnes reconnues dans l'impuissance de frayer aux dépenses : nous nous réservons de donner également plus bas (*à la sixième partie de l'ouvrage*) les organisations de ces présidiaux, notamment du grand-présidial.

Au moyen de l'organisation ci-dessus donnée au commerce, ainsi que de la prohibition faite à tous autres particuliers que ceux membres du cercle de commerce, de souscrire, tirer, accepter ou endosser des lettres de change, billets à ordre ou au porteur ; les instances commerciales ne devant plus se trouver en si grand nombre par la suite ; et devenant par conséquent facile de diminuer le nombre des tribunaux de commerce, nous les supprimons tous à partir de . . . . et créons, en leur lieu et place dans chaque ville commerciale, c'est-à-dire celles où il y aura un temple de commerce, dit aujourd'hui *bourse*, une *prévôté commerciale*, qui relèvera des cours de parlement : ces prévôtés, étant la jurisdiction du cercle du commerce, seront aux frais du congrès et non à la charge de l'état. Leurs organisations seront ci-après développées (*à la troisième partie de l'ouvrage.*)

ARTICLE XI.

La partie de la police ne nous paraissant point environnée de toute la dignité due et convenable à cette branche si nécessaire, nous jugeons à propos de lui donner une nouvelle organisation qui sera développée plus loin (*à la sixième partie*), et de la composer de deux division (*la police judiciaire*, et celle *administrative*), qui néanmoins releveront toutes deux du *ministre* même. La direction générale de ces deux divisions appartiendra à un *lieutenant-général de police*, qui, siégeant à Paris et relevant du ministre, aura, savoir, pour la police judiciaire, un lieutenant et des sous-lieutenans près chaque présidial; et pour la police administrative, un lieutenant et des sous-lieutenans par chaque préfecture. Les sous-lieutenans auront chacun sous eux un *officier* et des *sergens* de police.

ARTICLE XII.

Une des premières occupations du congrès, comme chargé par nous du bonheur général de notre peuple, devant être de détruire la mendicité dans notre empire, et de remédier aux funestes effets de la fainéantise; pour atteindre ce but, il crééra de suite, à ses frais, douze cents atteliers et fabriques de tous genres et de toutes natures, à répartir dans chacun des départemens de notre empire, où tous pauvres valides des deux sexes, et ouvriers sans place, seront admis et même tenus de se rendre, ainsi que tous mendians quelconques, sous peine d'être arrêtés et envoyés aux chaînes : tous y seront employés d'une manière utile et avantageuse pour eux.

Enfin, pour le même bien public, et pour détruire dans notre empire jusqu'à la moindre idée de misère et de pauvreté, tout particulier malheureux venant à tomber malade, au lieu d'être porté dans un hospice ou hôpital, recevra à l'avenir, chez lui, et très-scrupuleusement, tous les soins qui lui seront nécessaires; en conséquence, tant pour remplir nos intentions à ce sujet, que pour aviser au soulagement général, le congrès fera établir et organiser, à ses frais, 1°. une commanderie dite de *Saint-Vincent*, composée de 20,000 dames, 1200 médecins, 2400 chirurgiens, et 8000 servans ou servantes, qui, tous répartis dans nos départemens, dans nombre de sous-commanderies, dont une par chaque mairie, seront destinés à procurer tous les soins dont auront besoin chez eux tous particuliers malheureux et malades; il y aura près de chacune de ces sous-commanderies, un laboratoire de pharmacie pour tous secours publics à donner.

2°. Une autre commanderie, dite de *Bon-secours*, composée en tout de 30,000 hermites militaires, dont partie fantassins, partie cavaliers, armés et équipés de pied en cap, qui, assistés de 6000 servans, et répartis par tout notre empire dans des sous-commanderies, subdivisées en hermitages, placés soit sur les routes, chemins, forêts, bois périlleux, soit sur des montagnes escarpées, donneront l'hospitalité à tous voyageurs égarés ou ayant besoin de secours : leur hermitage sera l'asile et la retraite du voyageur.

3°. Une autre commanderie, dite de l'*Innocence*, subdivisée en dix-neuf sous-commanderies réparties dans notre empire, destinées à recevoir tous enfans nouveaux-nés ou abandonnés de leur mère; chacune de ces sous-commanderies devra contenir au moins 500 enfans.

4°. Une autre, dite des *Orphelins*, subdivisée en vingt neuf sous-commanderies, destinées aux enfans trouvés et abandonnés, et devant chacune en contenir au moins 600.

5°. Une autre, dite des *Enfans du malheur*, subdivisée en onze sous-commanderies, pour l'éducation de tous les enfans sourds-muets et aveugles : chacune devant contenir au moins 500 élèves.

6°. Une autre, dite des *Aliénés*, également subdivisée en onze sous-commanderies, pour tous insensés de l'un et de l'autre sexe; chacune devant contenir au moins 500 personnes.

7°. Une autre, dites des *Incurables*, subdivisée en quarante-neuf sous-commanderies, destinées à recevoir tous gens mal-aisés et infortunés de l'un et l'autre sexe, estropiés et aveugles, reconnus hors d'état de travailler; chacune devant comporter au moins 600 personnes.

.8°. Une autre, dite des *Vieillards*, également subdivisée en quarante-neuf sous-commanderies, destinées à recevoir tous vieillards de l'un et l'autre sexe, mal-aisés et accablés par l'âge, toutefois reconnus hors d'état de travailler; et chacune devant comporter au moins 600 personnes.

9°. Enfin, une autre, dite de *Saint-Charles*, subdivisée en vingt-neuf sous-commanderies, destinées à recevoir tous particuliers attaqués de maladies contagieuses ou secrètes; chacune devant comporter au moins 500 personnes.

Au moyen de toutes ces commanderies et sous-commanderies, dont nous nous réservons de donner ci-après, et à la suite du développement de nos intentions et vues bienfaisantes (*à la quatrième partie de l'ouvrage*), les organisations, ainsi que celles des douze cents ateliers, tous hospices et hôpitaux actuellement existans, autres que ceux militaires et particuliers, seront et demeureront supprimés dans notre empire, à partir du jour de l'entière et pleine activité du congrès. A cette époque tous les biens meubles, immeubles et revenus appartenant à ces hospices et hôpitaux seront remis et abandonnés au congrès, pour être confondus et servir d'autant à l'entretien desdites institutions; en conséquence tous les individus se trouvant alors dans lesdits hospices et hôpitaux seront répartis, si besoin est, dans les commanderies ou sous-commanderies analogues à leur situation. Toutes personnes présentement employées dans ces hospices et hôpitaux, et toutefois reconnues en état, seront de préférence admises pour le service des commanderies et sous-commanderies.

ARTICLE XIII.

Le congrès, comme chargé par nous du rétablissement des mœurs et de les faire respecter, prendra pour ce les moyens nécessaires ; en conséquence, pour ôter de devant les yeux de l'innocente jeunesse le tableau vraiment affreux et trop fréquent du vice et de l'impudeur, il organisera des maisons particulières et de quatre natures différentes, où toutes filles et femmes publiques devront se tenir renfermées sans cesse. Ces maisons, dirigées par des *matrones*, seront, tenues avec toute la propreté, l'honnêteté, et la décence convenables. Nous nous réservons de donner ci-après (*à la cinquième partie de l'ouvrage*) le développement de nos intentions sur les mœurs, ainsi que l'organisation de ces maisons, prenant le nom de *mosquées*. A partir du jour de leur ouverture, qui se fera dans le plus bref délai, aucune femme ou fille quelconque ne pourra attaquer un passant, soit par signe ou autrement, ni par les croisées, ni même dans aucun autre lieu. Toutes femmes ou filles trouvées en contravention au présent article seront détenues pour le restant de leurs jours; et toutes personnes qui voudraient s'opposer à ces arrestations seront arrêtées et subiront dix années de fers. Enfin tout particulier qui attaquerait une femme dans les rues, places, jardins ou autres endroits, peu importe à quelle heure du jour ou de la nuit, serait-ce même une fille publique et reconnue pour telle, sera arrêté et envoyé aux galères pendant dix ans : de même, celui qui aura séduit, peu importe par quel moyen, une demoiselle ou une femme mariée, ou qui les aura enlevées, soit de chez leur mari, soit de chez leurs parens, sera soumis à la même peine : si le séducteur est marié, la peine sera à perpétuité.

Egalement, pour détruire toute idée de vice, nous supprimons dès ce moment toutes loteries et maisons de jeu quelconque. Les propriétaires seront responsables des personnes qui, logeant chez eux, seraient trouvées en contravention au présent article.

ARTICLE XIV.

Outre les quatre natures de maisons d'instruction qui doivent avoir lieu dans notre empire, il sera créé aux frais du congrès, pour l'éducation de la jeune noblesse et des jeunes cadets, en sus du séminaire dont il a éte parlé ci-dessus à l'article 9, trois maisons particulières qui seront, quant à la partie de l'instruction, sous la surveillance de l'université, et quant à celle administrative, sous celle de la grande-maîtrise du congrès.

Une de ces maisons, prenant le nom de *Collège eudémonien*, sera destinée à mille jeunes gens nommés par nous, et choisis, savoir : un tiers parmi les enfans nobles, et les deux autres tiers parmi les orphelins nobles laissés sans fortune.

La deuxième, prenant le nom d'*Institut eudémonien*, sera destiné à mille jeunes demoiselles nobles, nommées par nous et choisies de la même manière que pour le collège.

Enfin la troisième, prenant la dénomination de *conservatoire impérial et eudémonien*, formera trois divisions; la première pour 1500 élèves choisis également par nous, savoir : un tiers parmi les nobles, et les deux autres tiers parmi les cadets, et de la même manière que pour le collège; la seconde division pour 1500 jeunes demoiselles, choisies de même que les élèves de la première division; et la troisième division pour 2000 jeunes gens se destinant à la profession militaire, choisis et nommés par nous, savoir : moitié dans les enfans nobles et moitié dans les cadets choisis comme au collège. Chacune de ces divisions sera subdivisées en écoles de tous genres. Nous nous réservons de donner plus loin (*à la septième partie de l'ouvrage*) les organisations, statuts et réglemens de ces trois maisons.

ARTICLE XV.

Le congrès, comme chargé de la propagation des arts, fera exécuter à ses frais et sous la direction de nos architectes les embellissemens et travaux proposés par les plans mentionnés ci-après (*à la 8e partie*) tant pour la confection entière et parfaite de notre palais impérial des Tuileries, et de la galerie parallèle à celle du Louvre, que pour la réunion du Louvre avec notre palais, et celle du jardin de ce palais avec les Champs-Elysées.

Il sera de même chargé de faire exécuter de suite, à ses frais, et d'après les plans qui nous ont également été présentés, la construction des collège, institut, séminaire et conservatoire eudémoniens, de droite et de gauche sur l'avenue des Champs-Elysées; en conséquence, pour être à même d'effectuer ces constructions, nous l'autorisons, soit à acquérir les terrains pour ce nécessaires, soit à faire des échanges convenables avec les propriétaires de ces terrains.

ARTICLE XVI.

Le congrès établira à ses frais et aux environs

de Paris deux maisons de résidence pouvant contenir chacune au moins 500 personnes à demeure : l'une, prenant le titre de *palais des douairières*, sera destiné à y recevoir, d'après notre approbation, toutes veuves de nobles laissées sans fortune, ainsi que toutes dames nobles séparées de corps d'avec leurs maris ; l'autre, prenant le nom de *pensionnat des veuves*, sera destinée à recevoir les veuves des cadets laissées sans fortune, et toutes cadettes en séparation de corps d'avec leurs maris. Les frais de ces maisons, dans lesquelles les personnes admises devront trouver tout ce qui peut être desiré, et qui de plus seront tenues sur un grand ton, seront à la charge du congrès ; en conséquence l'administration en appartiendra à la grande-maîtrise. Nous nous réservons de donner ci-après (*à la septième partie*) les statuts organiques de ces maisons.

ARTICLE XVII.

Pour assurer à jamais au congrès une existence digne et imposante, ainsi que pour frayer aux dépenses énormes que nécessitent ces diverses institutions et charges, il sera fait par chacun de ses membres individuellement, dans la caisse du trésor du congrès, et une seule fois, un versement qui sera, savoir :

Par chaque noble de l'un et l'autre sexe, non membre du cercle du commerce, de 8000 fr.

Par chaque membre du cercle du commerce, soit noble, soit cadet, de 15,000 fr.

Par chaque cadet de première ligne, de l'un et l'autre sexe, et non membre du cercle du commerce, de 6,000 fr.

Par chaque cadet de deuxième ligne, aussi de l'un et l'autre sexe, et non membre du cercle du commerce, de 4000 fr.

Par chaque cadet de troisième ligne également de l'un et de l'autre sexe, et non membre du cercle du commerce, de 3000 fr.

Enfin, par tout particulier fortuné, admis, aux termes de l'article ci-dessus, dans l'ordre des cadets, de 20,000 fr.

Ce versement étant, comme nous venons de le dire, individuel, les épouses des nobles et cadets y seront soumises comme leur mari; mais pour ce, elles seront assimilées aux ascendans.

ARTICLE XVIII.

Seront seulement dispensés de ce versement tous soldats légionnaires et leur famille, tous ecclésiastiques, hermites de Bon-Secours, et dames de Saint-Vincent, toutefois reconnus hors d'état d'effectuer ce versement.

Seront absolument exempts dudit versement tous enfans nobles ou cadets au-dessous de dix-huit ans, ainsi que tous enfans de nobles ou cadets, qui naîtraient un an après l'admission du père ou de la mère dans l'un des deux ordres.

ARTICLE XIX.

Tout cadet qui viendra par la suite à être promu au grade de noble, ne sera pas tenu pour cela à un nouveau versement; mais tout noble et cadet qui viendrait à être admis au cercle du commerce, outre son primitif versement de noble ou cadet, devra payer la somme nécessaire pour compléter le versement dû comme commerçant.

ARTICLE XX.

Tous ces versemens devront s'effectuer dans l'espace de cinq années de ce jour, savoir : un dixième comptant, et le surplus par soixantième ; c'est-à-dire de mois en mois, et de manière que le dernier soixantième se trouve acquitté dans le courant du dernier mois de la cinquième année. Néanmoins nous nous réservons de prolonger le délai desdites cinq années en faveur seulement de ceux de nos sujets dans le cas des versemens de 3 et 4000 fr. qui déclareraient ne pouvoir les acquitter dans ces cinq années; mais en payant toutefois par eux, pendant tout le cours de la prolongation, un intérêt de 6 pour 100 par an, exigible par trimestre, et toujours un d'avance.

Nous joignons aux opérations ordinaires des receveurs et percepteurs des contributions le travail de ces recettes; en conséquence ils devront en compter aux receveurs-généraux, et ensuite ces derniers au trésorier du congrès.

ARTICLE XXI.

Tous particuliers, par nous ci-dessus désignés comme devant faire partie de l'ordre de la noblesse et de celui des cadets, ainsi que tous ceux qui y seront admis en vertu ou par suite des présentes, seront tenus de se présenter, savoir, les premiers dans le mois de ce jour, et les autres dans le mois de leur admission au congrès, soit à la caisse du trésorier du congrès, soit chez le receveur ou percepteur des contributions de leur arrondissement pour y effectuer le versement, tant en espèces pour le dixième comptant, qu'en obligations partielles pour tous les soixantièmes.

Ces obligations, qui ne porteront aucun intétêt, seront faites en forme de billets d'honneur, et au profit, soit du congrès, soit des receveurs de contributions : ces derniers seront garans du montant de leur recouvrement ; en conséquence ils auront pour ce, vis-à-vis des souscripteurs, les mêmes droits et privilèges qu'ils se trouvent avoir vis-à-vis des contribuables pour défaut d'acquit de contributions ; ils auront même privilège exclusif sur toutes créances et recouvremens quelconques, rentes, pensions et appointemens de toutes natures.

ARTICLE XXII.

Tout particulier de l'un et l'autre sexe, âgé de plus de 15 ans, faisant partie de la bourgeoisie, paiera une seule fois et à titre de rétribution, dans la caisse du trésor du congrès, une somme de 600 fr. Ce paiement se fera, savoir, un tiers dans l'année de ce jour, et le surplus dans l'espace de quatre ans, par quart, d'année en année, et toujours de manière que le dernier paiement à faire se trouve liquidé avant l'échéance de la dernière des quatre années.

Les receveurs de contributions sont également chargés de cette recette. Tout ce qui vient d'être dit plus haut relativement à leur responsabilité envers le congrès, ainsi qu'à la nature de leurs droits, est applicable ici. Les membres de la bourgeoisie seront tenus de se présenter chez le receveur de leur arrondissement pour y effectuer aux différentes époques fixées les portions de paiemens exigibles. Il est entendu que ce tribut sera également individuel, c'est-à-dire que le mari et la femme y seront tenus séparément. Sont seulement dispensés les enfans au-dessous de quinze ans et ceux à naître.

ARTICLE XXIII.

La masse de ces versemens et rétributions sera

divisée en quatre lots qui seront placés, chacun séparément, soit en acquisitions, en réméré ou autrement, soit en Mont-de-Piété, ou enfin par première hypothèque ou privilège. Chacun de ces placemens devra rapporter 6 pour 100 net; et les arrérages et produits en seront perçus par quartier ou par douzième, et toujours d'avance.

Le premier lot étant destiné à l'acquit des dépenses préliminaires du congrès, son capital ne sera placé que pour quelques années; attendu qu'après cette époque, ce capital et les intérêts qu'il aura produits, s'ils n'ont pas été totalement employés, seront nécessaires pour solder et pour achever l'acquit de ces dépenses. Quant aux capitaux des autres lots, ils resteront intacts, et on ne se servira que de leurs produits ou intérêts.

Le capital du deuxième lot, destiné aux dépenses de réserve et pensions formant six divisions, sera subdivisé en six portions non égales qui seront placées chacune séparément, savoir: un quart destiné aux dépenses auxiliaires du congrès, un autre quart à celles auxiliaires du commerce, un huitième aux pensions d'honneur accordées par le congrès, un quart aux pensions allouées par lui au corps martial de l'ordre de la légion d'honneur, un seizième aux pensions de retraite accordées par le congrès, et un autre seizième aux dépenses imprévues

Le produit annuel du capital du troisième lot sera destiné aux dépenses ordinaires du congrès, qui formeront trois divisions, savoir : celle des honoraires, appointemens et gages, celle du matériel, et celle des frais extraordinaires.

Le revenu annuel du quatrième lot sera destiné aux dépenses philantropiques du congrès qui formeront trois divisions, savoir : celle des commanderies, celle des ateliers et fabriques, et celle des secours publics.

Chacune de toutes ces divisions aura son arrondissement particulier. Nous nous réservons de donner ci après (*à la huitième et dernière partie de l'ouvrage*) l'organisation de tous ces bureaux, ainsi que le développement général de tout ce qui concerne la grande - maîtrise et sa partie financière.

ARTICLE XXIV.

Le produit de la première des six parties du deuxième lot, destiné, comme il vient d'être dit, *aux dépenses auxiliaires du congrès*, servira :

1°. A doter annuellement 50 orphelins nobles des deux sexes, laissés sans fortune, à raison de 6000 fr. chaque ; 50 orphelins de cadets aussi des deux sexes et laissés sans fortune, à raison de 4000 fr. chaque, et 100 jeunes gens des deux sexes, des commanderies des orphelins, à raison de 500 fr. chaque.

2°. A prêter aide et secours, soit pour voyages, soit pour autres causes, à tous membres du congrès qui viendraient à tomber dans l'infortune.

3°. A subvenir à la pension, non-seulement de toutes dames du congrès que des événemens particuliers admettraient aux maisons de résidence du congrès, mais même de tous orphelins membres du congrès laissés sans fortune, et que cette même raison admettrait soit au collège ou institut, soit au conservatoire ou séminaire eudémonien.

ARTICLE XXV.

Le revenu de la deuxième portion du même deuxième lot, destiné, comme il vient d'être également dit, aux *dépenses auxiliaires du commerce*, servira à prêter aide et secours à tous les membres du cercle du commerce qui viendraient à éprouver quelqu'embarras ou malheurs non mérités.

ARTICLE XXVI.

Le revenu de la troisième portion du même deuxième lot, destiné, comme a été dit, *aux pensions d'honneur*, servira à payer, 1°. une pension de 6000 fr. à chaque conseiller de l'université; 2°. une pension de 500 fr. à tous élèves des collège, institut, conservatoire et séminaire eudémoniens, qui y auraient remporté des prix d'honneur.

ARTICLE XXVII.

Le revenu annuel de la troisième portion du quatrième lot, et destiné *aux secours publics*, servira à aider tous particuliers à acquitter, 1°. leurs dettes de mois de nourrice ; 2°. leurs loyers dus ; 3°. toutes autres dettes urgentes ; comme aussi à secourir tous incendiés ou marchands, débitans, fabricans ou artisans, tombés dans le malheur etc., etc.

ARTICLE XXVIII.

Le congrès ne sera nullement dispensé de l'impôt foncier relativement à ses propriétés ; mais en raison du but honorable de ses institutions, nous le déchargeons et dispensons pour toujours de tous droits de timbre et d'enregistrement pour tout ce qui aura rapport à ses opérations personnelles, telles que ventes, acquisitions, prêts, baux, et tous autres actes quelconques par lui faits. Cette dispense n'aura lieu que pour ce qui concerne le congrès seulement, et non chacun de ses membres en particulier.

ARTICLE XXIX.

L'apurement des comptes généraux du congrès, tant de recette que de dépense, appartiendra à une *chambre des comptes*, établie près de la grande-maîtrise et présidée par notre archi-trésorier de l'empire. Nous nous réservons de régler son organisation particulière (*à la huitième et dernière partie de cet ouvrage.*)

ARTICLE XXX.

Nous nommons gouverneur magnifique du congrès, notre amé et fidèle sujet . . . . Nous le chargeons, en cette qualité, de la mise en activité de tout ce qui a rapport au congrès, ainsi que de diriger et administrer tout ce qui sera de sa compétence; de plus, du gouvernement du *palladium eudémonien*, et du cérémonial de nos séances impériales à ce palais; comme aussi de nous présenter tous les personnages qu'il jugera propres à remplir les principales et diverses places dépendantes du congrès. Nous nous réservons de fixer ses honoraires, ainsi que ceux de tous les principaux personnages employés par le congrès; enfin, de régler par nous-mêmes la dépense de la maison du gouverneur, dont le montant devra être pris tous les ans sur les fonds affectés à la dépense particulière du congrès.

ARTICLE XXXI.

Nous nous réservons de donner postérieurement (*à la huitième et dernière partie de l'ouvrage*) l'organisation particulière, tant du grand-conseil du congrès, que de sa grande-maîtrise et de tous ses bureaux, ainsi que les attributions et devoirs de chaque employé.

ARTICLE XXXII.

Enfin, dans la vue de procurer à tout notre peuple indistinctement le bonheur le plus parfait, nous supprimons, à partir de ce jour et pour toujours, tous impôts et droits quelconques relatifs à tous objets de première nécessité, tels que pain, bœufs, légumes, herbages, savon, cuirs, drap commun, suif, beurre, toile de ménage, etc. Nous nous réservons de taxer chaque année le prix marchand de chacun de ces objets de première nécessité : quant aux droits et impôts établis relativement aux objets et denrées de luxe, tant pour la table que pour toute autre chose, nous voulons et entendons qu'ils soient quadruplés. Nous nous réservons de donner plus loin (*à la troisième partie de l'ouvrage*) le développement du présent article.

FIN DE LA PREMIÈRE PARTIE.

IMPRIMERIE DE CHAIGNIEAU, JEUNE.

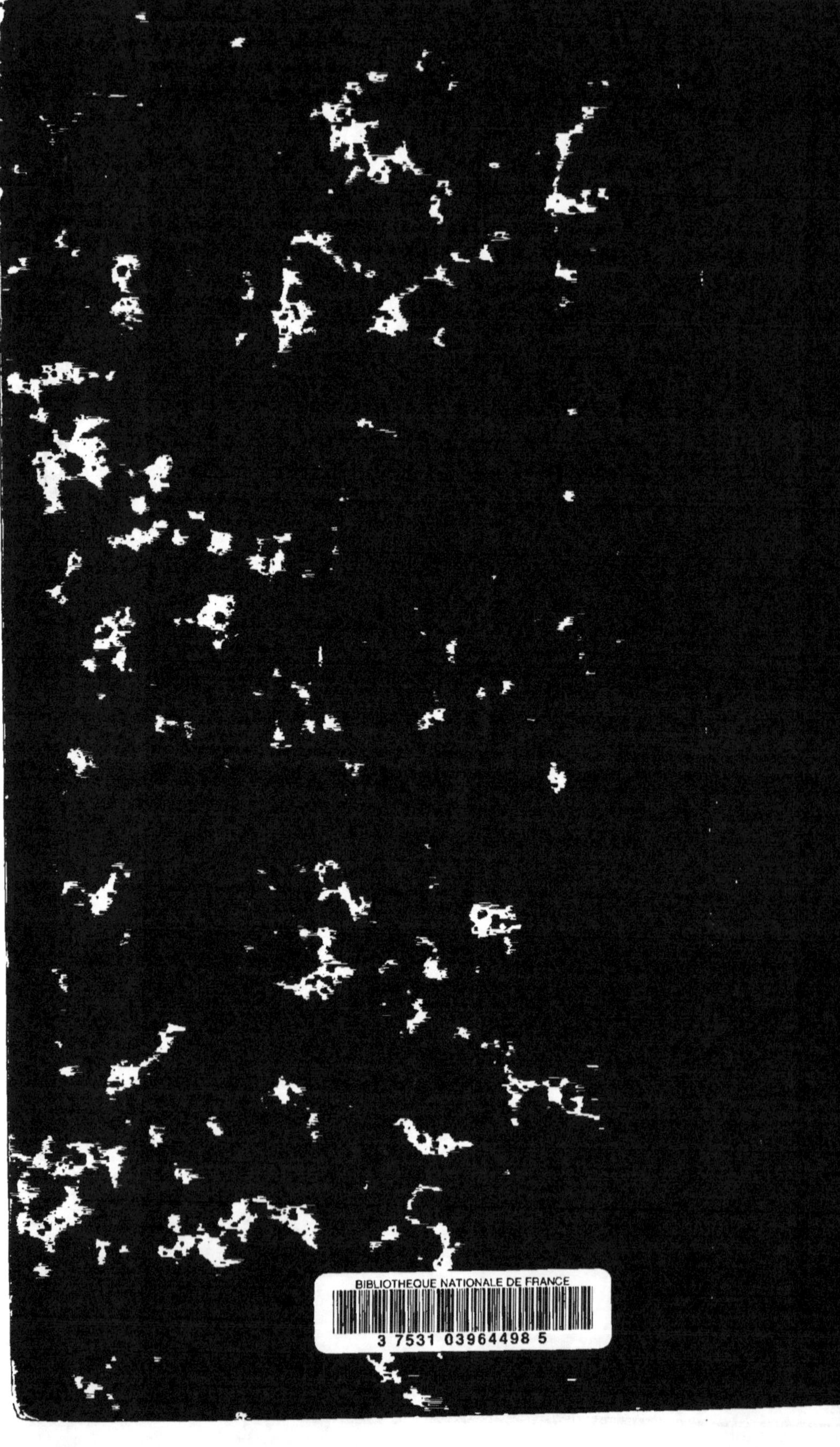
BIBLIOTHEQUE NATIONALE DE FRANCE
3 7531 03964498 5

www.ingramcontent.com/pod-product-compliance
Lightning Source LLC
LaVergne TN
LVHW020403230826
846091LV00003B/1122

* 9 7 8 2 0 1 3 6 5 0 4 8 9 *